花園大学人権論集22

花園大学人権教育研究センター編

「他者」との共生

カウンターカルチャーの構築に向けて

Human Rights Thesisses in Hanazono University

批評社

はしがき

この文章を書く時期が、たまたま年末に当たることもあって、毎度のように今年の漢字を取り上げています。二〇一四年に選ばれた「税」は少々意外でしたが、考えてみれば、安倍首相が唐突に衆議院を解散して実施した、衆議院議員選挙の影響が大きかったということでしょう。大義なき選挙といわれ、争点が見えないという声が高かった中で、大方の予想通り、自民・公明の与党が圧勝し、安倍首相は長期安定政権の切符を手に入れたかのようです。

しかし、「これはアベノミクス選挙です」と連呼していたはずの安倍首相が、勝利宣言とともに口にしたのは、憲法改定への協議開始でした。しかも時を同じくして施行を迎えた特定秘密保護法は、チェック機関さえ設置されないままの見切り発車です。鹿児島県川内原発の再稼働は目前に迫り、福井県高浜原発も再稼働に向けて突き進んでいます。沖縄普天間基地に常備されたオスプレイは次第に飛行範囲を広げ、辺野古海岸では知事の承認を得たとして、ボーリング調査が強引に進められようとしています。ある新聞の投稿欄に、いまの日本の政治状況を、ヒトラーが台頭してきた戦前のドイツと同じように感じるという意見が寄せられていました。同様の意見を持つ人は少なくないと思います。

しかし、よく見てみると、原発再稼働にあわせるかのように阿蘇山中岳が噴火し、辺野古移設反対を掲げた翁長沖縄県知事の誕生に続いて、衆議院選挙でも沖縄選挙区で政権与党は議席を確保できませんでした。安倍首相が「この道しかない」といったアベノミクスも、頼みの株価は安定せず、大幅な円安に中小製造業や小売業者は悲鳴を上げ、増えた増えたという雇用も非正規ばかりと、実体経済の回復とは程遠い状態です。それでも与党圧勝に終わった大きな原因は、誰がやっても同じという、全体的な政治に対する失望感による消極的選択と、特に若年層の棄権行動による戦後最低の投票率であり、決して安倍首相や現政権の政治が支持されたからとはいえません。原発事故や自然災害に対する危機管理と防災、阪神淡路大震災から二十年、東日本大震災から四年を経ての復興事業の計画と現実、そして沖縄の米軍基地問題と、積み残しにされた問題が、なお置き去りにされたままで選挙は終わりました。むしろ、私たち国民に問われているのは、その結果を受け止める覚悟はあるのかどうか、さらには政権の暴走をしっかりと監視しようという気持ちがあるかどうかではないでしょうか。

二〇一三年度の人権週間は、東日本大震災からの復興支援、福井県若狭地域における原発反対運動、そして沖縄米軍基地問題に取り組まれており、しかも同時に僧侶でもある方々に御講演をお願いし、「宗教から見た人権問題」というテーマで、いわば宗教者が取り組む現代日本の課題について、お話し戴きました。花園大学が臨済禅を建学の精神とする、紛れもない仏教系大学であるという意味では、このテーマ自体、本学にとっての重要な問題意識というべきだと思います。

また本書には、花園大学人権教育研究センターの専任研究員であった社会福祉学部津崎哲郎教授と、本センター発足以来、初代所長あるいは専任研究員として関わってこられた八木晃介教授の、二〇一四年度定例研究会での発表を掲載しています。両教授それぞれの、研究と社会活動を通じての人権問題に対する姿勢、後進に対する示唆を含んだ、ある意味で最終講義ともいえる内容です。本センターの活動を支えてこられたお二人に対し、衷心より感謝申し上げるとともに、積み重ねてこられた活動を引き継ぐ者の一人として、その継続と発展に精一杯努力したいと考えております。

＊

本書は花園大学人権教育研究センターが発行する数々の出版物の中で、唯一、市販しているシリーズ「花園大学人権論集」の第二二巻です。センターで主催する催しの中で、花園大学の人権教育・研究に賛同される方々が発表された論考として、おもに人権週間の講演と定例研究会での発表を原稿化し、定例研究会については当該年度末、人権週間の講演については翌年度末に発刊する論集に掲載しています。

今回の出版についても批評社に労をとっていただきました。昨今、大学の運営を巡る事情が厳しさを増す中、本書出版の意義を御理解戴いた、編集スタッフをはじめとする関係者に対して、厚く御礼を申し上げます。また、本書出版の意義を認めて格別の助成をくださった花園大学執行部にも、深甚の謝意を表します。

二〇一五年三月

人権教育研究センター所長（文学部教授）中尾良信

花園大学人権論集㉒

「他者」との共生

――カウンターカルチャーの構築に向けて

もくじ

悲しみを支えて

——傾聴移動喫茶「カフェ・デ・モンク」の活動

金田諦應

●はじめに

皆さん、こんにちは。今、ご紹介いただきました通大寺住職金田諦應です。被災地ではカフェ・デ・モンクマスター・ガンディ金田で通っております。

二〇一一年三月一一日から、もう一〇〇〇日を超してしまいました。京都から被災地まではかなりの距離があります。そろそろ関心も薄れているということではないのかなと思いつつ、被災地からこちらにやってまいりました。これからお話することは、どなたの身にもどの地方にも起こり得ることですので、我がこととして考えながら私の話を聞いていただければ有り難く思います。

傾聴移動喫茶「カフェ・デ・モンク」の活動は数々のメディアで取り上げられております。その中から比較的短く、しかも妙を得ているのがNHK「ゆうどきネットワーク」で紹介されました。

●自死防止活動

実を云うと最初からこのような活動を始めようと思ったわけではございません。私は平成二二年あたりから自殺対策の活動をしておりました。この頃、私の住んでいる宮城県北の栗原市は、自殺率が四四％、全国で一番になりました、私のお寺でも三年～五年に一度位の割合で自殺された方のお葬式をしていました。しかしこのあたりから、年に四人、五人の回数です。

皆さん、自殺をされた方のお葬式に参列されたことはございますか。お葬式というのはそもそも亡くなった人と生きている人をつなげ、新しい物語を紡いでいく作業だと思います。自殺をされた方のお葬式は生きている人と亡くなった方の物語が繋がらない。とても難しい。そのような雰囲気の中でお葬式を行います。この様な状況をなんとかしようとお坊さん、看護師さん、福祉関係の人と一緒に始めたのが「命と心を考える市民の会」です。

二〇一〇年、震災の約四か月前になりますが、「いのち・こころ」と書いた幟を立て行脚しました。この時は市内を二五キロほど歩きました。栗原市はかなり広い平野です。次の年の三月に二回目をやろうと計画を立てておりました。

●そしてその時が来る

二〇一一年三月一日に南三陸町志津川のホテルから撮った一枚の写真があります。南三陸町というところはリアス式のとても静かで美しい海岸です。ちょうど夕日が沈むところでした。小さくカキ棚が写っております。豊饒なる海。沢山の海産物が採れます。ここの海産物は古代より栗原の人々の命を支えておりました。栗原と南三陸町は命の絆というか、潮の道でつながっていました。この写真は「ああ、この海から私たちは命を頂いているんだな」と思いながら撮ったワンショットです。

誰しもこのまま穏やかに時が流れ、暖かい春が訪れる事を信じて疑わなかった。しかしながら、ご存知の通り、二〇一一年三月一一日午後二時四六分大震災発生。京都はどうだったでしょうか。揺れましたでしょうか。栗原市はものすごい揺れでした。栗原市というのは結構地震が多いところです。この三年ほど前にも岩手宮城内陸地震があり、震度六強、二〇数名の尊い命が失われました。私が生まれてから四回か五回大きな地震がありましたが、三月一一日の地震はそれをはるかに超えていると直感しました。三回ほど大きな揺れが三分半位の間、波を打ってきました。震度七。この強度はその上は計測することはできないというほどの揺れでした。三分半はカラオケで大体一曲歌えるくらいの長さですね。それくらいの長い時間ずっと続いていました。「あ、これはもう死ぬ！」と思いました。

すぐ大津波警報が発令されました。六メートル。この高さは三陸のリアス式海岸でいったら三倍か四倍になります。二四メートルから三〇メートルですね。この時に「あ、これは死者は万単位、へたすれば一〇万単位になる」とすぐ私は感じました。ライフラインが全部停止しておりましたので、むしろ皆様方の方が被災地の状況については情報があったと思います。現地では全く情報がありませんでした。古い小さなラジオを探しだし、スイッチを入れた途端、「荒浜海岸に三〇〇体の遺体が漂着している」という情報が入り、直感が現実になり、体が震え出しました。

これは明治二九（一八九六）年だったでしょうか、三陸大海嘯の絵です。今回の震災では写真家がカメラを向けてシャッターを押す事が出来なかった。というかフレームからどんどんはみ出る。被災地があまりにも大きく、あまりにも悲惨で。明治の頃にもカメラはあったと思いますが、ただやっぱりあのリアリティーを伝えるには絵じゃないと駄目だということで敢えてこういう絵を残している。これは気仙沼アーク美術館にあります。まさに私達が傾聴活動で聞いた状況そのものです。こんな感じで木に引っ掛かっている人、流されていく人。木に引っ掛かっていた人は、もう二日も三日も下されないで、そのままに亡くなったという状況があります。屋根に上って家ごと流されて手を振っている。今回の津波でも「さよなら、さよならって手を振っているように見えた」と言いました。本当は違うんです。「助けてくれ！　助けてくれ！」なんです。津波の音で聞こえませんから手を振っている様子が「さよなら」と言っている感じだと言っておりました。

そしてこの絵、見えませんか、真ん中におばあちゃんがボロの服をまとってウロウロ歩いている。まるで卒塔婆小町のようだという解説があります。一家全員亡くなってしまって、そして精神的に不安定になり、このような様子で歩いている。傾聴活動を始めてからこのようなおばあちゃんたちに数えきれないほどお会いしました。状況はこの絵のように明治二九（一八九六）年、三陸大海嘯の時と全く同じ。死者の数も大体同じです。

●火葬場での現実

最初に悲惨な現実が目の前に突き付けられたのは火葬場のボランティアをした時です。海岸沿いの火葬場がほとんど壊滅しました。津波で壊滅しました。また地震で壊滅しました。死者が約二万人ですので、そのご遺体を火葬する場所がない。御棺がない。そのような状態でした。それから和尚さんたちも被災している。その様な状況の中、一〇日後くらいに栗原市の火葬場にご遺体が来るようになりました。その時に仲間の僧侶に呼びかけ、火葬場での読経ボランティアを始めました。火葬場は公共的な場所です。きちっと段階を踏んで火葬場に入っていかなければならない。どんな宗教者であっても公共の施設に入る時はそれなりの手続きが必要です。私たちは震災前から自殺対策をしておりましたので「あ、このお坊さんたちだったら大丈夫だ」ということで入れて頂きました。

最初のご遺体は小学校五年生の女の子でした。読経しようとしたら「和尚さん、ちょっと待ってください」と言われました。間もなくもう一体。やはり小学校五年生の女の子、同級生のご遺体でした。「せめて荼毘に伏す時は二人一緒にしてあげたい」というご両親の願いで、ちっちゃなお棺を二つ並べて読経しました。お経の声が震えました。新聞社のカメラマンが写真を撮ろうとしたのですが、カメラマンも「撮れない……」と言ってシャッターを押せなかったのです。手が震えておりました。

「私たちはきちっとご供養してあげないといけない、あなたはこの事実をとにかく全世界に伝えなくてはいけない使命がある。だから押せ！」ということで撮ったワンショットです。

このようにして約一か月、火葬場でのボランティアをしました。中には自分の運転していた宅急便のトラックに奥さんと子供の遺体を乗っけてきたお父さんもいました。若いお父さんでした。自分が配達している間に子どもと奥さんが流されてしまった。多分、会社の計らいがあったと思います。そのような本当に悲惨な別れ方をした人たちが次から次へと運ばれてきて、私たちは一カ月ほど、ここでご供養し、悲惨な現実を目の当たりにしました。

●四九日追悼行脚——仏の姿を見失う

四九日になると震災から大体一か月ちょっとですので、火葬場での読経ボランティアも少し落ち着いて来ました。それを契機に四九日追悼行脚をしようと呼びかけました。南三陸町戸倉から志津川までの約一〇キロの追悼行脚。このころ、自衛隊が必死になってご遺体を探しておりました。四九日は仏教的にはとても意味のある日です。この日に家族の元にご遺体を返してあげたいという思いで必死になって探しておりました。この日は六体、ご遺体が家族の元に帰りました。私たちが歩いていく歩道には、釘ですとかその他の瓦礫が散乱している。その散乱している間に写真がたくさん落ちておりました。かつての平穏な日々を写した写真がたくさん落ちている。それを踏まないように踏まないようにして歩きました。瓦礫とヘドロとそれから遺体のにおいが漂う中、牧師を含めて一一人の追悼行脚でした。

五キロほど歩くと戸倉海岸がありました。海に向かいお経を唱え、讃美歌を歌いました。今まで私が学んできた教義ですとか教理ですとか、いろいろな美しい言葉ですとか、そういったものが、この中で崩れ落ちてしまったような感覚がありました。それぞれの宗教・宗派には様々な教理・教義があります。それが、この現実を前になんの役にたつのであろうか、仏様の言葉はどこにあるのだろう、神様の言葉はどこにあるのだろうか。

私達は神と仏の言葉を探しながら、再び歩き出しました。四月二九日あたりですと、東北ではちょうど山桜が咲いております。なんにもなかったように山桜が綺麗に咲いている。「津波を起こす力と山桜を咲かせる力」という言葉が心の中で回り始めました。そういう四九日追悼行脚でした。その翌日から衣を脱ぎ捨て私達の被災地支援が始まりました。

●医者が「命」なら坊主は「心」

オーストラリアのメルボルンというところに仲間の和尚さんがいました。「これで何か温かいものを食べさせてくれ」と資金の提供がありました。それを基に炊き出しのボランティアを計画しました。海岸四〇〇キロにわたっての被災地です。入り組んだリアス式の海岸。どこに入ったらいいのか全然わからなかった。まさに手探りです。やっと炊き出しが出来る場所を見つけうどんの炊き出しを行いました。おじいちゃんとかおばあちゃん、それからボランティアさん達にうどんを提供しておなかを満たして頂きました。うどんを食べている間ニコニコと笑っているおばあちゃん。しかし傾聴活動で知りましたが、この素敵な笑顔の裏には、いろいろな悲しみがあったのです。

避難所に入る時には、その避難所の責任者の方に御挨拶にいきます。しかし避難所の責任者は若い医師と喧嘩腰で口論しておりました。南三陸町にあった医療施設は全部破壊されています。南三陸町志津川病院の悲劇はご記憶にあると思います。四階まで津波が襲い、入院患者一五〇人ほどが亡くなってしまう。そのような状態で医療機関がほとんどゼロというような状態でした。そして私たちが入った南三陸町馬場・中山の孤立集落避難所には二〇〇人ほどのお年寄りがおり、それぞれ持病を抱えております。薬とお医者が必要です。国境なき医師団が入りましたが、ちょうど私がここに入った日がこの国境なき医師団の若い医師が帰る時でした。避難所の責任者は喧嘩腰で胸ぐらを摑んで、一時間ほど「帰るな!」と訴えている様子を目撃しました。

生き残った人たちは命を医者に託している。ならば宗教家、私達お坊さんは何をしたらいいのだ、その時、その様子を見ながら深く思いました。「医者が命なら、坊主は心」。このような運命的な出会いがきっかけとなり始まったのが傾聴活動です。

傾聴活動。皆さんもよくご存知だと思います。その人の気持ちの奥底をよく聴くという活動です。傾聴ということは人の話をただ聴くのではなくて、注意を払って、より深く丁寧に、丁寧に心を傾ける。自分の聞きたいことを聴くのではなくて相手が話したいこと、伝えたいことを共感的な態度で真摯に聴く。それによって相手への理解を深めるとともに相手も自分自身に対する理解を深め、納得いく判断や結論に到達できるようにサポートする。これが傾聴活動の大体の趣旨です。福祉ですとか医療ですとか、いろんな人の命、人生に介入していく、恐らく皆さん方もそういうようなお勉強をなさっていると思いますけども、まず最初はよく聴くということです。よく聴く。相手の立場に立ってよく聴く。自分のフレームを相手のフレームに押し付けない。価値観を相手の話に押し付けない。捻じ曲げない。そのまんまに聴くという、簡単そうで、非常に難しい活動が傾聴活動です。心の声を聴く、苦しみから抜け出すことを一緒に考える。そして自立を援助する。人の人生に介入していく時の基本中の基本です。「傾聴、伴走、自立」ということです。

大変な活動であることは覚悟しました。相手の立場に立って聴く。ましてや、この大震災の中で人が死んだ、生きた、遺体が見つからない、一人きりになってしまった、財産は全部なくなってしまった、明日からどうしようというような、本当に苦しみと悲しみが渦巻く中で活動していくことは非常にタフな仕事であると直感しました。一年くらいで自身も病んでしまって被災地を離れてしまったという人が随分おります。私は、その時にどういう立ち位置で、どういう構え方で、この傾聴活動をしていこうかと深く考えました。

●生と死・喜怒哀楽を包み込む宇宙

実は震災当夜、午後五時くらいから雪が降りました。気温はマイナス二度くらいでした。あの津波で濡れた後に雪がさらに追い打ちをかけるように降りました。しかしながらその雪が止んだ後、午後六時くらいになったら満天の星空が広がりました。宇宙が落ちて来た、宇宙に包み込まれる、そのような星空が現れました。街灯も消え、車も走っていないので音もない、スモックもないというような状態でした。また雪で塵が全部下に落ちて本当に透き通るような夜空です。「生と死・喜びと苦しみ」を包み込む宇宙。私自身も大きな命に包まれているような感覚がありました。

宮沢賢治の詩が、この震災の時によく引き合いに出されました。「雨にも負けず、風にも負けず、いって怖がらなくてもいい。行って何々……、行って何々……」とずいぶん言葉に出された方が多いと思います。しかし、震災当夜のあの風景に「なめとこ山の熊」という宮沢賢治の童話の一番最後のシーンでの賢治の視点を感じました。マタギの小十郎と熊の物語です。最後は小十郎が熊に殺され、なめとこ山の頂上に胴体から上の遺体が置かれ、そしてその周りを熊が囲んで祈りのような声で吠えている。その上には無数の星があって、その無数の星の遥か彼方から賢治の視点があるという、その視点です。宗教者の活動の中心軸は、そこに置かないとこの大惨事には向き合えないだろうと思いました。この視点が私たちの活動の中心軸になりました。

瓦礫の中にホッとする空間をつくれ。ホッとする空間とはどういう空間か、それは安心して泣ける場所です。被災地には安心して泣ける場所がなかった。みんな同じような立場です。みんな誰だれが死んだ。誰だれが死んだ。私のところでは五人死んだ。私のところでは七人死んだ。私のところは四人死んだのよ。家もない。お金もない。そのような状況で心の底から泣く事が出来ない。私たちが行って、とにかくホッとできる空間をつくる。傾聴移動喫茶「カフェ・デ・モンク」の始まりです。

●傾聴移動喫茶「カフェ・デ・モンク」活動開始

傾聴活動というのは非常にデリケートな活動です。現場の雰囲気を読み取っていかなければいけない。どこの避難所でもどこの仮設でも出来るものではなく、そこに一定の雰囲気がきちんと整っていないと傾聴活動っていうのは失敗してしまう。避難所ですとか仮設の情報収集、他のボランティア団体との連携というのは、すごく大切なことになります。ただいろんなボランティア団体があって、むしろそのボランティア団体と組んだことによって失敗したということも、ずいぶんあります。特にFacebookつながりのボランティア団体だと、たいがい失敗しますね。やっぱり最後はFace to Faceでキチッと会ってお話をして同じようなベクトルを向いたボランティア団体でないと失敗します。Facebookは便利な時は便利ですけども、ちょっと失敗すると、とんでもないことになります。避難所に入ったら次の避難所の情報を得て、尺取虫が這うような感じで、どんどん活動の範囲を広げていきました。

私たちの一番の売りはケーキでした。今でもケーキは無償で提供しております。たまたま近所に阪神淡路大震災で被災したパティシエがおりました。その時彼は瀕死の重傷を負いました。もう生きるか死ぬかの状態でしたが多くの方に助けられました。彼は神戸から帰ってきてケーキ屋さんを開いていた。「次はお前の番だぞ」と言ったら「わかりました」ということで材料も何もなかなか手に入りにくい状況でしたが、種類の違うケーキを作ってくれました。やっぱり人の心を開くのは極上のスイーツです。女の子と行く時も、やっぱり「どこどこホテルのスイーツバイキングに行かない?」

と言ったほうが話は進みやすいですよね。「焼き鳥、食べにいかない？」というわけにはいかない。やっぱり極上のスイーツです。

種類を多くしたというのは選ぶ喜びを与えようということです。選ぶということは日常に一歩踏み出せるということです。そして美坊主の入れるとっておきのコーヒー。なんか最近関西では「美坊主」って流行ってるらしいですね。最近では「美坊主図鑑」なるものがあるらしいですけども……。美坊主の入れるとっておきのコーヒー！　数種類の冷え冷えのドリンク！

そしてやっぱり美しい花。あの瓦礫の中に花が飾ってあるだけで心は和みます。花は人の心を和ませます。私たちはお坊さんと言ってもすぐ活発な会話が出来たり、話の核心の部分に入れません。やっぱりいろいろ会話を動かすための道具というかグッズが必要です。花の名前、花言葉や、ケーキの美味しさとか、そういったことから話を回し始め、そして核心に入っていきます。

●にもかかわらず笑うこと

ＢＧＭはジャズミュージック。私はジャズが大好きです。「セロニアス・モンク」はご存知ですか？これはカフェ・デ・モンクの「モンク」とかけています。それからスピーカーはＢＯＳＥ（坊主）ということです。開店の合図のＢＧＭは「ダイナ」といって昔、ディックミネさんが歌った「ダイナ、聞かせてよ……」の「ダイナ」です。この音楽が、カフェが始まりますよという合図です。「カフェ・デ・モンク」で「文句」を聞くのはお坊さん（モンク）です。更にセロニアス・モンクとＢＯＳＥとつなげた遊び心です。苦しい時、辛い時こそ、この様な遊び心というのはすごく大切な事だと思います。

それからニックネーム。私は「ガンディ金田」と名札をつけております。曹洞宗通大寺住職誰々なんてことは一切しません。お坊さんは「ポール及川」「デビッド高橋」ですとか、空気を読めないお坊さんには「KY木村」ですとか。面白可笑しくニックネームをつけました。被災地で坊さんがでは教義ですとか教団とか、そういったものは意味がない。「ガンディさんはインドの方ですか？」と言われるんですよ。「あ、そうですよ。曾祖父がガンディなんですよ」と言うと「へぇー」。「それから曾祖母がマザー・テレサです！」と言いますと、自然に嘘がバレてしまい、そこらへんで笑いが入り、場がほぐれたとこで核心に入っていくというように、巧みな会話で話を動かしていきます。苦しい時、辛い時こそ、遊び心、ユーモアは絶対、忘れてはいけないということです。

デーケンという人が「にもかかわらず、笑いましょう。それは愛と思いやりの現実的表現です」とユーモアを定義しております。震災後よく読まれた本はフランクルです。ビクトール・フランクル。私も震災以前からフランクルはずいぶん読みました。フランクルという人は収容所の中で生き延びたドイツのユダヤ系精神科医です。彼がこのようなことを言っています。「ユーモアは人間だけに与えられた神的といっていいような崇高な能力である」。神様が人間に与えた能力だよと。ユーモアってどんな効果があるかというと、一見絶望的で逃れる道がない状況においても、ユーモアは、その事態と自分との間に距離をおく働きをする。すごくつらい状況でもユーモアというツールで自分を客観視できますよ、ユーモアによって自分自身を異なった視点から観察する柔軟性や客観性が生まれますよ、ということをフランクルは言っていると思います。フランクルは第二次世界大戦後、「あの収容所で生き延びた人を考えてみると二つの要素がある。それはユーモアを忘れなかった人。それから音楽を愛する人だった」と語っております。

瓦礫で看板をつくりました。そしてメッセージボードにはこのように書きました。

カフェ・デ・モンクは坊さんが運営する喫茶店です。モンクは英語でお坊さんのこと。元の平穏な日常に戻るには長い時間がかかると思います。文句の一つでも言いながら、ちょっと一息つきませんか。お坊さんも、あなたの文句を聞きながら、一緒に悶苦します

メッセージボードは必ずカフェの入り口に掲げます。そして一週間後、再びうどんの炊き出しをした南三陸町馬場・中山避難所に行きました。瓦礫が散乱しているので車がパンクします。だからパンク修理屋さんもたくさんありました。

●ホットする場所が悲しい物語で満たされる

私達の傾聴活動が始まりました。やはりケーキを食べコーヒーを飲んで一時間、二時間話し込んでいると、辛い話がどんどん出てきました。先週うどんを食べてニッコリ笑っていたおばあちゃんが「和尚さん、実は話がある」ということで自宅にお邪魔しました。仏壇がありました。下の階は全

部流されて仏壇だけがある。そこに白木の位牌があり、傍らにお父さんを失くした小学校六年生の手紙が置いてありました。

『お元気ですか？　今日はお父さんの誕生日。生きていれば四五歳だね。三月一〇日にお父さんに、「またね」、と言ったのがうちらの最後の会話でした。最後にお父さんに「ありがとう」って言いたかったよ。うちはお父さんの誕生日に小学校を卒業したよ。おめでとうだね。お父さん、今、どこにいますか？　家に帰ってきているなら、たまに合図してね。お父さん、お誕生日おめでとう』

全部読んで後ろを振り返ってみたら、おばあちゃんが畳に伏して号泣しているという状態でした。笑顔の裏に、このような悲しみがありました。

同じ避難所で会った男の子。お父さんは津波で流された建物の二階に白いお骨箱の中に入っておりました。南三陸町の防災センターの近くで津波に巻き込まれて二週間後に見つかりました。遺影は結婚式の写真が飾ってありました。この子はお父さんが亡くなったことを知りません。教えないようにしていました。だから絶対、二階には上げないようにしていました。でも薄々、雰囲気を感じ取って、夜避難所でみんなが寝静まった後、壁に向かって泣いているということでした。

峰耕寺というお寺の避難所です。今回の震災では寺院が避難所になったところが多いです。このお寺は震災前、若い世代の方は峰耕寺を新築するのをためらっていましたが、おじいちゃん、おばあちゃんが「いや、ご先祖様がいるところだから、ちゃんと建て直さないとダメだ」と言って新築しました。今回の津波で、図らずも避難所になって「あの時、おじいちゃん、おばあちゃんが建ててくれて本当にありがたかった」って言っていました。「そのおじいちゃん、おばあちゃんたちは、どこにいるの?」って聞いたら「もう、お墓の中です」と言っておりました。そんな避難所でした。

大卒で新任の先生。初任地が津波で流されました。糖尿病のおじいさん。みんなに「そんなに食べたら死ぬから。せっかく津波で助かった命だから食べちゃ駄目!」と言っているのに、結局ケーキを四個食べたおじいちゃん。今はどうなっていることでしょう、心配です。陽だまりのおばあちゃん達。こうやって陽だまりの中で一日中肩を寄せ合っています。日が沈んで体が震えるまで、ずっとこの陽だまりの中にいます。それぞれの仮設の部屋に帰ったら、一人ぼっちになってしまいます。ですから出来るだけ日中は皆で肩を寄せ合い、日が沈むまで一緒におしゃべりして、そしてギリギリになって、それぞれの仮設住宅の部屋に入っていくということです。

●原発事故の切ない現実

南相馬市岩屋寺。原発から三〇キロ圏内ギリギリのところに建っているお寺です。住職一人が守っていました。高齢の方々だけが残っています。若い人たちは、放射能の子供への影響を心配し、避難しております。「原発が爆発してから初めて太陽の下で、このようなお茶を飲みました」と言っておりました。「私達はもう年寄りだから放射能なんか関係ないからさ」とため息。

皆さん、安倍首相がこの間オリンピックの最終プレゼンで「放射能はアンダーコントロールされている」と言いました。それ、信じますか？

――信じないですね。

信じないですよね。絶対にアンダーコントロールされておりません。嘘です。私達の政府は嘘をついてオリンピックを招致したのです。大変な状況です。福島（フクシマ）だけでなく私が住む栗原市にもセシウムがずいぶん落ちています。もうキノコは食べられません。地物のものが食べられません。水も怪しいです。ただ怪しいか怪しくないか、本当にファジーです。だからヘビの生殺し状態です。東京オリンピックなんて必要はないです。ちょっときつい言い方ですけども、一国の総理が嘘をついてまで開催する必要ない。「フクシマ」のことをきちんと処理をした後に立候補したほうがいいと思います。何が「おもてなし」ですか。セシウムのおもてなしですか。汚染水のおもてなしですか？　本当に腹が立ちます。

●津波てんでんこ

ホッとする場所には言葉はいらないです。この方は仮設で一人暮らし、泣ける場所がなかったんですね。それで隣にいるニコッと笑っているおばあちゃん達が「あんた、和尚さんのところに行きなさいよ」と言って、一人部屋の中にいたのを引っ張り出して私の前に連れてきました。「辛い想いをしたでしょう」と語りかけた途端「わー！」っと泣き出して、私もその涙の意味が伝わってきましたのでただ手を握っただけ、言葉を越えた無言のケアもありました。

大川小学校ってご存知ですか。生徒が七〇人近く亡くなった。持ち主がいなくなったちっちゃなランドセルが寂しく並んでいました。逝ってしまった命。その向かい側にある「ニッコリサンパーク」という仮設ではこうやって新しい命が生まれてくる。大川小学校のすぐ近くの地区の若いお母さん達。たまたま津波の時に職場にいて助かり、その後結婚し、新しい命を授かりました。

よく聞かれました。「なんで私が生き残って、なんで、あの人が死んだんだ。和尚さん、なんでなんだ。なんでなんだ」。私はそれに対して何の答えをすることもできません。どうしてあなたが生き残って、あの人は死んだのか、その答えは出せないけども、でも一つだけ確かなことがある。それはあなたが今生きているということじゃないのか。生きているということは必ず意味があるから、一緒にそれを和尚さんと一緒に考えよう、それが精一杯の答えです。

「津波てんでんこ」という言葉があります。津波が来たら、それぞれてんでんばらばらになって逃げろ。自分の命は自分で守れ。死んだ人、生き残った人。生き残った人たちは「津波てんでんこ、津波てんでんこ、津波てんでんこ」と呪文のように繰り返して自分自身に言い聞かせている。そして納得させて生きていく。これが「津波てんでんこ」の本当の意味だと思います。生き残った人の生きるための力、納得させるための言葉と感じています。

●傾聴活動は自己と向き合う作業

私は宗教家です。ご紹介いただきましたように曹洞宗で勉強しておりました。傾聴活動をするということは自分の思いを他にグーッと向けます。そして向けた分だけ自分に返ってきます。他に向けた力は自分に向けて返ってくる。同じ強さで返ってきます。傾聴活動というのは、全く布教活動とは違いますので宗教的言語を一切使いません。でも、やはり私自身の心と身を保つためには自分の信仰と向き合わなくてはいけない。その時にやはり今まで学んできた、仏陀の言葉ですとか、それから祖師の言葉ですとか、繰り返し、繰り返し反芻して、現場と照らし合わせて深めていくという作業をしていったような気がします。つまり傾聴活動は「自他」の境界線を越える作業ということです。

私が学んだ『正法眼蔵』の中に「自証三昧」という巻があります。

「よく自己を参徹すれば、すなわち他己を参徹するなり。よく他己を参徹すれば、すなわち自己を参徹するなり。しかあるによりて、自他を脱落するなり。」

貴方と私の境界線がなくなりますよという事だと思います。それも相手に対する強い思いが最初にあり、それがなければ自分に向かってこない。最初に慈悲の働き、相手に対する強い思いがある。そういうことかなと思いながら傾聴活動をさらに深めていったと思います。

私にとりましてこの傾聴活動の現場は単なる仮設住宅の集会所ではない。ご存知のように日本の伝統的茶室の中には会話を動かすための道具が沢山あります。お茶をやっている方はご存知だと思いますけども、傾聴空間は茶室であり、そして禅堂であり、祈りの場であり、そして大乗仏教の中では一番大事な経典である「維摩経」に登場する維摩居士の方丈、そのように傾聴空間を位置づけております。

●Don't think Feel !!　Creation and Act !!

傾聴活動というのは全ての感性を最大限に使った活動だと思います。したがって最初から楽譜があるようなものでもないし、最初から画題があるわけでもない。即興音楽であり、即興絵画であるなとつくづく思います。ジャズミュージックも同じですね。やっぱり決まりごとはあるのですが、最終的にはプレイヤー同士の感性と感性とのコラボレーションです。その様な感覚にとても通じていると感じています。

このように現在まで一四〇回ほど、大体一週間に一回程度行っております。活動にマニュアルはありますか、とよく聞かれます。マニュアルなんてそんなものはありません。常に「現場から学べ」ということが一番大切だと思います。現場から創造していくということが大切です。一応基本はありますけども、ただやはりそれは机上の事に過ぎない。一番大切なのは、その現場はどのようになっているのか。現場からどのように問いかけられているのか。現場からどのような声が聞こえるのかということが一番大切なことだと思います。

●カフェ・デ・モンクの小道具達

傾聴活動の為に小道具を沢山用意しました。用意しましたというか、現場からそのようなものが要求されてきたということです。これ、一年位経過して少ずつ気づきました。特に宗教的なケアをしていく時には、すごく大切なグッズだったなと思います。

京都の精神風土はどうかよくわからないのですが、東北は位牌をすごく大切にします。御位牌を大切に。位牌が何代も続いている先祖の命の象徴として受け止められているんです。ですから位牌を失うというのは命が絶たれるのと同じ、先祖との絆を絶たれるのと同じです。津波が起こった時に、最初に何はさておき位牌をもっていくというのが代々伝えられてきている。ですから位牌を持ったまま亡くなった方もずいぶんいます。位牌を失い一歩を踏み出せない人もたくさんいました。たまたま支援物資の中に位牌を一〇〇〇個ほど頂きましたので、カフェの前に並べて置いたら、それを見ながらそれぞれが先祖の事、津波で失った命のことを語りだすのです。亡くなった人の思い、それから先祖への思い、それから未来への思いというものを、何も書いてない位牌ですが、それを見ながら話しだすという事でした。位牌は大切な宗教的なケアのアイテムだったと思います。

それからお数珠がずいぶん役に立ちました。支援物資で頂いた数珠です。必ずお数珠は手から手へ渡します。「そこにあるから持って行って」ということは一切言わないで、必ずそれに意味をつけて「長生きするお数珠」「お金がたまるお数珠」というように置いておくと、みんなその前で何かしらいろんな思いを語ってくれるんですね。

ただ、このように表現すると何か新興宗教の霊感商法みたいになりますので、下に小さく「幸せになるかもしれない」と書いておきます。「かもしれない」で逃げている。「かもしれない」のお数珠、微妙にすり抜けながらお数珠を渡していました。でも必ず手から手へお渡しします。Hand to Hand、手を握って「幸せになってね」とか「お金もちになってね」と言いながらお渡しする。これがやっぱり大切なのかなと思います。

よく「お経をあげてくれ」と言われました。「和尚さん、声がよさそうだからお経を唱えてよ。般若心経」と言われますが、仮設住宅の集会所では一切お経を唱えませんでした。そのかわり、お唱えしたのは「ぴんぴんころり経」といって、皆様ご存知のとおり、「ぴんぴんころころ、ぴんころろ、ぴんぴんころ、ころころりんこ」という、丈夫でぴんぴん長生きして死ぬ時はコロリといくよというお経なんですけども、このようなお経を即興でつくったり、「テクマクマヤコン」と言ってみたり、その場で微妙にうまく逃げて、それでもやっぱり「私のために何か唱えてくれた」と思う。これだけでもいいのです。私たちが普段唱えているような経文よりも「テクマクマヤコン」のほうが有り難かったり、そんなものだと思います。

●お地蔵さんはスーパースター

今回凄かったなと思ったのが、お地蔵さんでした。スーパースターです。最初の頃は、こちらから作って持っていきましたが、だんだん集会所で住民さんと作るようになりました。亡き人を思いながらお地蔵さんを作る。これ結構大変でした。おばあちゃんたちが飽きないようにつくるには大体制作時間三〇分くらいを目標にしていました。三〇分できちんと作らなければならないので、私自身が何回もつくっては壊し、つくっては壊ししてやっとこれだったら大体三〇分くらいで出来るというところまで完成しました。

「喜一郎地蔵さん」。喜一郎さんという人が津波でおばあさんの目前で流された。すごく悲しい想いをしているおばあさんを仮設の住人さんが連れてきました。おばあさんの想いが込められております。「ひなた地蔵」。仮設住宅で二歳七か月の女の子が亡くなりました。突然死。仮設の環境がよくないということもあるし、それから被災地ということで医療機関が成熟していないということがあって亡くなってしまいました。同じ仮設の住人さんたちと一緒に「日向ちゃんのお地蔵さんをつくりましょう」ということで作りました。日向ちゃんというのは、おばあちゃんが津波の中をおんぶして逃げて来て、この仮設で大きくなった子供です。ですから仮設の住人さんたちにとっては、その子の成長が励みだった。すごく励みだった。その子がいなくなったということで、とても悲しい思いをしていました。それでみんなでそれぞれの想いを込めて作って、部屋の祭壇にお祀りしております。

これは「善人地蔵さん」。南三陸町の防災センターをご存知ですか。今、残すとか、残さないとか議論している場所です。高い建物ですが、その一番頂上でみんなを助けようとして自分は流されてしまいました。奥さんが作ったお地蔵さんです。二年間程大変な思いをしていつも「死にたい、死にたい」と思っていたというんです。私のお寺に来て一緒にお地蔵さんをつくりました。最初はにこにこして穏やかに作っておりました。大体出来上がると、「和尚さん、私の旦那は眼鏡をかけていた」って言い出しました。「じゃ、和尚さん、入れてあげるから」と言って、入れてあげてほらって目の前に出したんですね。「旦那さんに似てる?」って言って。そしたら、その眼鏡をかけた地蔵さんをじーっと見ていて、そのお地蔵さんに対して叫ぶんですね。「善人! なんで、あんた逃げんかったの! いつも人のことばっかりで考えて! 私のことだって考えてよ!」って、ワーッと泣き出した。ちっちゃな、ちっちゃなお地蔵さんですが、それはもう旦那さんになっていたのです。今までグーッと心の奥の方にしまっていたものがバーンと出て、それで泣きだしたという。私たちもそれを見ながら下を向いて同じように涙を流していました。このようなこともありました。

息子さんの身代わりといって泣きだす方もいらっしゃいました。お地蔵さんをつくったら住人さんみんなで手を握って、そして念を入れて渡すようにしています。

これは「吉平地蔵」ですね。左半身不随で一緒に車に乗って逃げましたが、おばあさんだけ車から出て、おじいさんは出る間もなく津波に呑まれて六時間後に石巻湾を一周して、またその流された場所に戻ってきました。その時には、もう亡くなっていました。一年半、言葉が出なかったおばあちゃんです。「ああ、やっとハンサムな吉平じいさんが戻ってきた」と言って喜んでいました。

少々認知症傾向のおばあちゃんが一生懸命記憶を掘り起こしておじいちゃんをつくっていました。大切な猫が津波で流されたおばあちゃん。ペットも人間以上に流されています。ペットの数はカウントされていませんけども何十万匹でしょう。ペットが死んで苦しんでいたおばあちゃんにつくって差し上げました。

津波の中を逃げるというのは大変なことでした。あの冷たい水の中ですから。妊娠、出産を控えた方というのは大変なご苦労がありました。冷たい水の中を、おなかを抱えて逃げたお母さん。双子でした。男の子は重度の脳性麻痺になってしまって、男の子の病院にずっとかかりきりだったんですね。二人目が女の子で三カ月後に死んでしまいました。一回も抱っこ出来ませんでした。その娘のためのお地蔵さん。

東北弁では「欲たかり」と言いますが、「欲張り」の意味です。欲張り地蔵さんといって最近のトレンドです。早くお金を貯めて仮設を出たいものですから、福耳地蔵をつくるようになりました。耳を大きくする。それを「欲たかり地蔵」と名付けました。一歩でも二歩でもとにかく前に進みましょうということで「欲張り地蔵」をつくります。こんな感じで大きな耳に「宝」とか「金」と書いたりします。

日本各地からお地蔵さんを送ってくれました。新潟県長岡西病院。ホスピスで人生の最後の時を送っている方々から「私達が生きることが出来ない明日を生きて欲しい」という想いを込めて作ったお地蔵様が送られてきました。

またある時「私、自殺したくてしょうがない」と電話がかかってきたことがあって「あんた何ができる?」と聞いたら「絵を描くことができる」という事でした。「じゃ、お地蔵さんの絵を描いて。和尚さんが仮設の住人さんの所に持っていくから」。大体一〇枚ぐらいずつ送って来ます。それを綺麗なフレームに入れて被災地に持って行って皆さんにお渡しして、その様子を写真に撮って「貴方だって役に立つんだから。こうやって、みんな貴方の絵で励まされているでしょ」と。この一枚の絵を描いている時だけは命が延びるということです。そのようなことを地道にやっております。

●伝統行事の力

伝統的宗教行事というのは、ものすごい力があります。灯篭流しというのはどの地方にでもあると思います。あるおじいさんがカフェにやってきました。おばあさんとそれからお産を終えたばかりの娘さん、それから生後二〇日の赤ちゃん三人が一気に流されてしまいました。ひとりぼっちになったおじいさん。お新盆の灯篭流しの話をしてくれました。「和尚さん、三人の為に三個流したら、その三個が最初は波風にもまれバラバラの方向に行ったんだけど、五〇〇メートルくらい行ったら一つになったんだ。どの角度から見ても一つになった。その時にあの世に行っても、あの三人は一緒に暮らしている。そういうふうに確信したんだ」。そういうふうに言っておられました。伝統的宗教行事というのは、この様にあの世とこの世を結びつける大切な一時なのかなと思います。

伝統芸能の力というのも、やはり被災した方々にとってはとても大きな癒しになりました。

東北地方に伝わります「西馬音内盆踊り」という盆踊は、八〇〇年くらい続いています。亡くなっている方と生きている方、生者と亡者が一緒に踊るという盆踊りです。南三陸町の防災センターで最後まで避難を呼びかけていた女性を知っていますか？　覚えていますか？　その様子はＮＨＫの映像に残っています。最後まで「津波がきました、津波がきました」と呼びかけていて、その女の子は流されてしまいました。彼女はちょうど盆踊りをした九月一〇日、結婚披露宴の予定でした。それを西馬音内盆踊りの人に伝えましたら、彼女のためだけに踊ってくれました。本来であれば結婚披露宴で綺麗なシャンデリアの下で人生最高の時を迎えるはずでした。亡くなって半年後、あの世からから降りてきた彼女がかがり火の回りを静かに踊っている、私にはその様に見えました。踊り手さんは彼女と同じ二五歳の女の子でした。普通は笠を眼深にかぶりますが、その時は笠を脱いで、素顔を見せて踊ったんです。生と死が織りなすとても幻想的な空間でした。

●被災地で起こる霊的現象

被災地では様々な霊的現象がありました。なかなかこれは一言で表現出来ることではないのですが、皆様方にお渡しした資料の中に早稲田大学で行われた人体科学会で発表した論文が入っておりますので、ご一読下さい。

津波で亡くなった人が二五人ほど憑依する、そのような女性のお話です。身体の中に入ると本当に苦しいらしく、「和尚さん、私も苦しいから死にたい」というようなことを訴えて来ました。よくよく話を聞くと、亡くなった方々が彼女の中に入って何かを訴えているようだということでした。最初は大したことないなと思っておりましたが、数回お会いして、お互い信頼関係ができてきたら津波で亡くなった方の苦悩が、彼女の口を通じて語られるようになりました。

傾聴活動を真剣に行う以前でしたら「なーに、そんなこと。幽霊なんてないよ。あなたの心の迷いだ」と一言で片付けたと思います。今回はそういうことでは解決出来なかった。一番長い時で九時間ほど彼女の中にいる人（津波で亡くなっている方）のお話を聞きました。そして彼女の宗教的背景を考慮しながら宗教的な儀式をし、彼女の中の津波で亡くなった人々を行くべき場所に届けてあげます。やがて彼女は正気を取り戻し普通の女性になります。

幽霊や霊魂がいるとかいないとかいうことはあまり問題ではないのです。その出来事がその人にとってどういう意味があるか、訴えていることにじっと耳を傾け適切なケアをしてあげる。これが苦しみの現場に向き合う宗教家のあり方、臨床宗教のあり方だと思います。霊的現象は本当にデリケートな問題で、一般化出来ない問題です。そのような現象が被災地のあらゆる所でありました。

●臨床宗教師養成の試み

活動にはあらゆる部分と繋がるネットワークが大切だと思います。私たちの活動は東北大学に事務局を置く「心の相談室」と緊密に連携して超宗教・超宗派という視点で活動しておりました。シスターや牧師さんとも協力しておりました。このような超宗教・宗派協力の流れの中で、去年から東北大学に実践宗教学寄附講座が開設され、実践宗教学の研究や学生への講義の他、臨床宗教師養成講座を設け、現代社会の苦悩の現場で活動できる人材を養成しております。現在四期目で約五七人がこの講座を受け、修了書を授与されております。

少々専門的なことになりますが、宗教家といったら「布教」ということが頭に浮かぶと思います。

この臨床宗教師養成講座は、布教であるとか教団の利益だとかそういう事を遥かに超えた立ち位置で活動する宗教家を育てます。公共空間に入ることを最終目的にしております。倫理性と公共性を重視します。倫理性というのは自分の価値観ですとか宗派や教義を押し付けない、簡単に言うとそう表現されますが、そういう立ち位置の宗教家を育てる事を目標にしております。

被災地におけるグリーフワーク。自衛隊、警察、それから消防関係の方々は、多くの遺体を扱いました。それで心が病んでいる人が沢山おります。そのような方達に対するケア。それから看取りの現場における宗教的ケア等を活動の範囲にします。いわゆる西洋で云うチャプレン、日本的チャプレンの養成という事です。しかも日本の風土、それから宗教的土壌、日本の社会構造に合ったチャプレンをつくっていくというのが臨床宗教師研修の目的です。各宗派一緒になって祈りを捧げる、この様な経験を通して各宗教、宗派の儀礼も学びます。あらゆる宗教に通じ、あらゆる宗教の儀式、教義にも通じている事が大切です。

ラジオ版「カフェ・デ・モンク」。聖路加病院の日野原重明先生ですとか、妙心寺派の玄侑宗久さんとか、3・11の出来事を思う沢山の方々の出演を頂き、「前向きに生きるヒント」を被災地に届けました。

●支えるという事

傾聴活動ボランティアというのは成果の見えない活動だと感じております。むしろ成果を求めてはいけないのかなと思います。春風のようなもので、ちょっと春風が吹くとお花が咲いたぞと。でも花が咲いた後は、みんな風のことなんか忘れます。そんな感じでいいのかなと思いながら現在でも活動を続けております。一人の力で一生懸命やるというのではなくて、やはり、小さな力の連鎖で一人の人間を支えるということだと思います。

最後に支えるってどういうことなのか、目で見えるような形で表現します。ちょっと片足で立って見てください。なんとなく頑張れば立ちますよね。じゃ、目をつぶってみて下さい。急にぐらぐらと不安定になります。じゃあ私の肩の所に小指でいいので肩に触れてみて下さい。どうですか？安定するでしょ。この様に小さな力でも支えられるという事はこの様な事なのだと思います。小さな力でいいのです。大きな力で支えるととても疲れます。考えてみると、私もきっと誰かの肩に小指を触れ、支えられているのかと思います。小さな支えの輪が大きな支えの輪に成長して行くのだと思います。

ちょっと急ぎ足で申し訳ありません。これで私のお話を終わらせていただきます。ありがとうございました。

（第27回花園大学人権週間・二〇一三年十二月十日）

原発の過去・現在・未来

――若狭での経験から

中嶌哲演

●はじめに

ご紹介いただきました中嶌です。二七回目の伝統を重ねる本学の人権週間にお招きいただきまして報告を聞いていただく機会を与えていただきましたこと、感謝にたえません。レジュメと資料をお届けしているかと思います。時間内で半世紀近くの若狭の原発について語るのは至難の技なんですけども。

私が今日、お話をする前提として私の核の問題にまつわる来歴をお話いたします。一九六三年、学生時代に広島で被爆された原爆被害者の方と非常にインパクトのある決定的な出会いをしました。

私は一九四二年生まれで二一歳の時でした。それまでの私は自己チューで自分の関心のあるものだけにこだわっているオタク学生だったと思っています。しかもネクラの考え方をしている私でしたが、原爆被爆者との出会いによって徐々に外の世界に私の目が開かれていったということでもあったかと思います。被爆者との出会いについて詳しいことは後の事柄に触れて言及できることがあろうかと思います。

そういう被爆者との出会いがあり、一九六六年、故郷の若狭に帰りました。曲がりなりに対外的な行動を起こしましたのが、地元の小浜保健所管内の原爆被爆者、当時はわずか一二名しかいらっしゃらなかったんですが、その方々のところを訪ねまわって体験談を伺い、要望を聞かされる中で援護活動をはじめました。その援護活動を通じて最終的には三〇人の小浜保健所管内の被爆者の方々が名乗り出てこられた。被爆者援護のために地元の反核平和運動をやっている方と少数の仏教者、キリスト教の牧師の方とも共同行動をしましたが、私単独で行った活動として「鈴声」三一八号、その最終号を載せております。

原爆被爆者の援護活動が機縁となって地元の集落八〇戸を二回に分けて、広島、長崎の六と九のつく日、月のうち、いずれか二回、早朝托鉢を行いました。そこで得られたわずかな喜捨も若狭地域、福井県下の原爆被爆者の援護のために届けていたということであるわけです。自分が単独で行った反核、反原発、被爆者援護の活動等々で語るべきことがあるとすれば、鈴を振りながら村人のところをまわったのですが、その托鉢と托鉢時に配った「鈴声」という、最初はガリ版ずりで、あとは手書きのコピーしたものを配ったにすぎないのですが、その行動を通じてさまざまな出会いがありました。それを通じて学んだことを「鈴声」に反映して村の人たちに知らせていく。後になって全国各地からも「鈴声」や托鉢行のことを知っていただいた方からカンパなどを送っていただいていたわけですが、そういう方たちにも届けてまいりました。

一九七一年暮れに「原発設置反対小浜市民の会」が結成されまして、これに加わってまいりました。結成準備の段階からかかわり、一九七六年には福井県下、若狭には一五基もの原発が次々に集中してきたものですから、それに対する反対運動、住民運動や労働組合を含めて、さまざまな反対運動が起こってくる中で、「原子力発電に反対する福井県民会議」ができました。小浜や福井県下の運動は現在も続いており、結成された当初の力量はありませんが、衰退しながらも細々と存続しております。これにかかわり続けております。

一九九三年には「原子力行政を問い直す宗教者の会」が結成されまして、後でも触れますが、本学の教員もされている松岡由香子さんもこの会に加わっておられて、この宗教者の会を通してご縁ができました。キリスト教、仏教、諸宗教の所属する団体、教団はあるんですが、宗教者の会は個人として、宗派を超えて集まっています。それらに私は四〇年あまり、半世紀近くかかわってきました。これからの話は私が原発にかかわり始めて、いきなり認識していた、そういう心構えで取り組み始めたということでは、決してありません。この数十年間、さまざまな方たちとの交流を通して私なりに考え、学んだことを皆さんにこれからお話していくことになります。そのことを予めお断りしておきたいと思います。

●忘れられない日、一二月八日

「プルートーとブッダ」。花園大学で話をさせていただくことでもありますので、序論的に。一二月八日、花園大学では成道会、お釈迦さまを記念して何らかの行事がありますね。実は若狭の住民にとって忘れられない日で、一五基の原発の中で超危険なもんじゅという高速増殖炉の実験的な原発が大事故を起こした日でもあります。一九九五年一二月八日に起こしました。同時に一二月八日は一九四一年、日本が太平洋戦争に突入していく日にもなった、シンボリックな日なんですが、特に、もんじゅの事故と関連して私には忘れられない日になりました。

もんじゅという実験的な原発はプルトニウムを燃料に使いながら、新たに純度の高いプルトニウムをつくりだすという仕組みの原発だったわけです。この高速増殖炉のもんじゅが、たった一年あまりしか実際には動いていません。試験的な原発でしたので、さんざんトラブルを起こして、非常に危険性をはらんでいるものですから、それをコントロールするためには技術的にも困難を伴っていて、満足に運転できた期間はほんどない。たった一年あまりの間にもんじゅは一七kgのプルトニウムをつくりだしました。もう一つ実験炉、試験炉として常陽というのが茨城県東海村にあるんですが、これはそれなりに動いていまして、実験炉でしたが、これが一九kgの純度の高いプルトニウムをつくりだしています。合計三六kg。これは長崎型原爆に換算すると二〇発分の材料になりうる量です。これを日本の高速増殖炉はつくりだしました。

この一年あまりの間、日本列島の五四基の原発の中でたった二基だけ大飯原発が動いていましたので、これを事例にとりますと、一年間動くと、広島型原爆二〇〇〇発分の死の灰と長崎型原爆六〇発分の死の灰が貯まるということです。日本列島五四基の原発がどんどん動いていきますと、長崎型原爆の材料になったプルトニウムが必然的に増えていくことになるんですが、ただ原発でできるプルトニウムは純度が低くて六〇％未満の純度しかない。これでも長崎型原爆に相当する重い原爆はつくれる、原子炉級のプルトニウムといわれています。

それに対してもんじゅと常陽がつくりだしたプルトニウムは純度が高い。もんじゅがつくりだしたプルトニウムは九九・八％。常陽が九九・二％です。普通、世界の常識として核兵器をつくるプルトニウムは九四％以上といわれています。軽量級の良質な核兵器がつくれるだけの純度の高いプルトニウムを、もんじゅはつくりだしてきたということを、ぜひ、皆さんも記憶していただきたいわけです。

このもんじゅと常陽の使用済燃料を取り出して、そこから高純度のプルトニウムを取り出すための特殊再処理工場が東海村にあるんですが、ＲＥＴＦというリサイクル機器試験施設、これで再処理すると純度の高いものが取り出せて、日本はいつでもすぐに核武装できる。ただしＲＥＴＦは今、建設をストップしておりますが、これについては軍事機密がからんでいるため施設の実態は私たちには知らされていません。これまでも知らされてきませんでした。

ついこの間、秘密保護法ができましたが、トップクラスの秘密事項に特定されるのは、多分、プルトニウムにかかわる問題ではないかと危惧をしております。一二月八日は真珠湾攻撃の日でもありました。その四年後に広島、長崎の被爆がありました。プルトニウムという元素の名前はギリシャ神話のプルートーからきています。地獄の大王、冥土の王様を意味するプルートーからとったのがプルトニウムという元素の名前なんですね。プルトニウムを原料にしてつくった原爆が長崎原爆でした。長崎型原爆は多くの長崎市民を地獄の塗炭の苦しみに陥れ、冥土に送ったんですね。

いきなり物騒なお話をしてしまいましたが、若狭の一五基の原発の中の超危険な、もんじゅという原子炉がはらんでいる問題、危険性を知っていただきたいわけです。一九九五年、もんじゅの大事故が起こった時に私たちの前に二つの道があるのではないかと申し上げてきました。一つはプルトニウムを増殖するもんじゅを事故にも懲りずに、あいも変わらず動かしていくような、動かし続けていく道を歩むのか。もしその道を選んだ場合、その先にはとんでもない破局が待ち構えているのではないか。かつての戦争の道のように。プルートーの道を歩んでいった場合、そうなるのではないか。

それに対して一二月八日、二五〇〇年前にお釈迦さまが悟りを開かれた、くしくもこの日に、もんじゅは大事故を起こしているが、私たちはブッダの道を歩んでいくべきではないか。絶対平和主義、絶対的な非暴力を唱えられ、生きとし生けるものが平和に共生していくことがブッダの悲願であったわけだから、ブッダの精神にそった道を歩んでいくべきではないでしょうかということを、私は一九九五年の事故以降、若狭の皆さんや全国の皆さんにメッセージとして投げかけてきました。一九九五年以降、二〇一一年の福島の大事故を経て今日、二〇一三年の現実を迎えていることを私は非常に無念にも思い、悲しくも思っておる次第です。

●一八五三年・一九四五年・二〇一一年

一八五三年・一九四五年・二〇一一年と年号をピックアップしております。特に「原子力行政を問い直す宗教者の会」の中での議論でも、この問題をずいぶん話し合ってきました。私たち日本の仏教者は、かつての戦争の時代にどのように振る舞ったのか、そのことの反省を抜きにして戦後最大の国策として押し進められてきた原発問題に対して正しい対応はできないのではないだろうかと話し合ってきました。単に戦前、戦後の比較だけでなしに、私たち宗教者の間で議論してきましたのは両方に通底する共通の問題として、もっと先に日本の近代の幕開けの時点まで遡って考える必要があるのではないかと。

一八五三年、ペリー提督が四隻の軍艦を率いてやってきました。黒船来航の年です。その時にペリーが乗っていた軍艦は最大で二四五〇トンだった。当時、日本人が目にしえた最大の船、千石船はわずか一〇〇トンだったんです。当時の日本の支配層はもちろん国民にとってアメリカからやってきた黒船がどれだけショッキングだったかは推察できると思います。その衝撃の大きさが、それ以降の日本の近代を規定したのではないかと。なんでもかんでも欧米に追いつけ、追い越せ、脱亜入欧、文明開化、富国強兵の路線を突っ走ってしまった。近代以降、学んできた光の部分はたくさんあるわけですが、同時にそれは巨大な影を伴っていたと思います。

それが欧米に見習って植民地支配をしたり、アジア諸国に侵略戦争を仕掛けていって、その大きなツケをくらったのが一九四五年ではなかったでしょうか。大空襲を受け、沖縄の悲惨な犠牲があり、広島、長崎の過酷な犠牲がありました。それが一九四五年という年であったと思います。日本の近代化の一つの大きな総決算を迫られたのが一九四五年であったわけですが、その後、また私たちは廃墟から平和と民主主義の光の憲法のもとに再出発したはずです。いつの頃からか、大量生産、大量消費、大量廃棄の現代文明の時代に入っていく中で、戦後は脱亜入欧が脱亜入米になってしまった。文明開化の延長上に戦後の現代文明を支えてきたものとして科学技術立国があったのではないかと思っています。富国強兵に相当する戦後版が経済大国化、そして自衛隊がものの見事に復活強化しておりますね。そういう戦後の歩みの中で巨大な国策としての原発がそれを支えてきたわけです。半世紀近くの原発開発の歴史の末期に起こったのが二〇一一年の福島であったのではないかと私は思っているわけですね。それが二〇一一年に現れております。

●「福島原発震災」が顕在化させたこと

「原発の過去・現在・未来」というタイトルを掲げていますので前提的な問題として、国策民営の原発、国策としての植民地支配、侵略戦争を照らし合わせながら、原発の過去の開発の歴史を振り返っておきたいと思います。

福島原発震災が顕在化させたこととして八項目上げ、そこで具体的に触れてまいりたいと思いますので問題点のみ。日本が原発を推進してきた、掲げてきたスローガンは「必要性と安全性」でした。もう一つは「自主・民主・公開の平和利用三原則」というのがありました。平和利用三原則は高速増殖炉もんじゅや茨城県の試験炉常陽がはらんでいた問題が、実は平和利用三原則に抵触してくる問題につながってくるわけです。自主・民主・公開の原則がうたわれているのですから、もんじゅや常陽の燃料再処理施設が、どういう実態か公開されなければいけないにもかかわらず、アメリカの圧力もあるようですが、軍事機密をはらんでいる施設であるために公開されていない問題があります。自主・民主・公開の平和利用三原則という三原則自体も、実態がどうであったかは、これからお話していくことに照らして、皆さんにご判断いただきたいと思います。

一方国内には、原発を受け入れてきた一七地点があります。原発を受け入れた側の原則もあった。福井県の場合は、日本一、世界一、原発密集地帯になってしまいましたが、一五基も受け入れた福井県が掲げていた三原則があります。福井県の原子力三原則。「安全の確保」「地元の理解と同意」「地域の恒久的福祉」。三つ目の原則を福井県は、こううたっていたんですが、福井県に一五基、原発が集中してくる中で、この二〇、三〇年、「地域の恒久的福祉」という原則は、ほとんど表に出していませんでした。もっぱら福井県がいってきた言葉は「地域の経済活性化」「地域振興」が三原則目の「恒久的福祉」の代わりに使われてきた言葉でした。そういう問題もありますが、福井県が掲げた三原則が、これからお話をする現実と、どの程度、適合していたのかどうかのご判断を皆さんにしていただかなければいけません。特に「自主・民主・公開の平和利用三原則」の「自主」というものを皆さんに考えていただきたいと思います。

大飯原発の一覧表があり、その供給者の中で原子炉系、炉心、蒸気系統の構造物がありますが、大飯一号、二号、WHとあります。若狭に集中した一五基の原発の表の主契約者として敦賀一号がGE、美浜一号がWH、大飯一、二号がWH、WH、高浜一号がWH。若狭一五基のしょっぱなの原発のメーカー、主契約者とは原発をつくったメーカーのことをさしていますが、実はアメリカの二大原発メーカーだった。日本の原子力産業が最初から自分の頭で考え、原発技術を開発してつくりだした原発ではない。若狭一五基のうち五基はアメリカ製のものでした。

敦賀を境に東日本はGE。アメリカの二大原発メーカーの一つがつくっていました。美浜から西日本はウェスチングハウスという原発メーカー。沸騰水型と加圧水型、型が違うんですが、GEは福島をはじめ福井県で五基、福井県の四基をはじめ、西日本にウェスチングハウスのものが五基。六〇基近くの日本列島の原発が開発されてきました。最初の一〇基はアメリカ製の原発だったということです。

GEの技術を学んだのが住友、日立、東芝という日本の原子力大企業でした。ウェスチングハウスを真似て三菱系の大企業が日本の国産原発をつくっていった。技術は自分の頭で開発したというより、アメリカ製の技術をコピーしたにすぎなかったわけです。それ以後の国産原発の中では幾分の改良はなされてきていますが、初期のものは、そうだった。

ここで思い出していただきたいのですが、福島一、二号が爆発事故を起こした時、アメリカ大使館、アメリカ政府は「福島から八〇キロ圏内に住んでいるアメリカ人は避難せよ」と指示しました。福島一、二号、六号はGE製の原発です。最も古いポンコツ原発が大事故を起こした。自分の国から輸出したGE製原発が大事故を起こしたということを最もよく認識していたのがアメリカ本国であったと思います。日本の国や福島県当局はノーテンキでしたから、八〇キロ圏内の日本人を避難させるどころか、多くの福島県民を放射能にさらしてしまったという違いが出たわけです。「自主・民主・公開」の「自主」の原則が、そもそも満たされていなかった。遠い原因として、そのことが今度の福島の悲惨で余計な犠牲を生み出してしまったことにつながっているのではないかと思っています。

若狭の経験に照らす場合、福島の原発事故が最もわかりやすいと思っております。「福島原発震災」という表現が使われておりますが、これは第一線の地震学者であります石橋克彦先生が警告されていた言葉です。一九九五年に阪神・淡路大震災が起こりましたが、その半年前に石橋先生はそれを予告するかのように『大地動乱の時代』という岩波新書を出されていました。一九九五年に地震が起こり、一九九七年に石橋先生は早くも原発が大地震と複合して事故を起こした場合、地震と津波だけでも大変な被害なのに、これに原発の放射能放出事故が重なればどんなひどいことになるかわからないと「原発震災」という言葉を使われていたんですね。マスメディアではあまり「福島原発震災」という言葉は熟しておりませんが、石橋先生の警告どおりのことが福島で起こったことを非常に身に痛感しておりますので、あえてこの言葉を使いました。「福島原発震災が顕在化させたこと——若狭の半世紀を振り返りながら」ということです。

①「安全神話」の崩壊

八項目列挙し、要点だけぜひお伝えしたいと思っています。国が原発を推進していくにあたって「必要性と安全性」を掲げたといいました。「安全性」が帰するところが「安全神話」にすぎなかったということを誰の目にもはっきりさせたのが福島の事故だったわけです。安全神話の要をなしていた国や原子力村の人たちは「五重の壁で守っているから安全だ。大事故が起こっても原発を速やかに止めて冷やして中にある放射能は絶対外に放出することはありません。止める、冷やす、閉じ込める、この三つの原則を貫くことができるから、どうぞ皆さん、ご安心ください」と若狭の私たちにも、日本国民にも説得してきたのが「安全神話」の要であったわけです。それが全面崩壊してしまった、完全崩壊してしまったことは縷々説明するまでもなくご同意いただけると思います。

ただ私がここで申し上げておきたいのが、国も県も、地元の原発を受け入れた市町村も、原子力行政も、原発を推進した原発企業の皆さんも、お墨付きを与えてきた科学者、研究者たちも口が裂けても、地元住民や国民にわかりやすく説明してこなかったことがあるんですね。それが大飯三、四号だけは、この一年間動いていましたから、すでに大飯三、四号はこの一年間に広島型原爆二〇〇〇発分の「死の灰」と長崎型原爆六〇発分の「プルトニウム」を新たにつくりだしています。死の灰は寿命の短いものもありますが、長いものもあります。原発を動かしていけば新たに死の灰は蓄積していく。膨大な電力を大都市圏に送りだす文明の利器でもありますが、その原発施設の最も重要な負の部分、影の部分に、この問題があるということですね。これは最近、小泉元首相までが使用済核燃料の問題を云々し始めてくれていますから、ようやく死の灰の問題が国民全体の問題になりつつあります。

これがこの四〇年間、福島の事故以降ですら、原発が一年動けば、どれだけの死の灰ができてきてしまうのかが伏せられ続けてきた。これは秘密でも何でもない客観的な事実、ちょっとでもその気になって調べればわかることなんですが、これが全然、これまで多くの人に明らかにされず、知らされてこなかった問題です。すでに若狭の一五基の原発はこの四〇年間に広島型原爆四〇万発分の死の灰を生み出しています。日本列島の五〇数基の原発はこの四〇年間で一二〇万発分の死の灰をすでに蓄積してしまっています。これから再稼働して新たに原発を動かしていけばいくほど、また新たに死の灰がつけ加わっていくということも、ぜひ知っていただきたいと思います。

この一つ目の問題がわかっていただけると、ここから二番〜八番目までの問題、疑問がスルスルと解けていくと思っていますが、この安全神話の根幹の問題が、なかなか国民全体のものとして共有されてこなかったがために、以下の問題点が数珠連なりのようになって、福島の事故で凝縮され顕在化してしまったということになろうかと思います。

②「必要神話」の欺瞞(差別と犠牲の強要)

二つ目、「必要神話」の欺瞞(差別と犠牲の強要)という表現を使っていますが、皆さんはこれを理解していただけますでしょうか。原発分布の日本地図を提示します。一七地点に原発がつくられた図。日本列島のお臍の部分に一五基、若狭の原発が集中しています。東の原発銀座福島には一〇基が集中しています。日本列島の五四基の原発の分布は、どれ一つとして大都市圏には存在していません。

全部、田舎の過疎地、僻地に存在しています。福島一〇基、福島県民は、ただの一KWも原発の電気を使っていません。全部五〇万Vの超高圧電線で関東、首都圏に四〇年以上送られてきた。若狭の一五基の原発の電力はただの一KWも若狭の住民も福井県民も使っていません。五〇万Vの超高圧電線で関西二府四県に送られてきています。

福島県の学校の先生方と交流会を福井で行った時にいただいたささやかなパンフレットですが、福島県高教組女性部がまとめられたものです。この中に福島県立小高工業高校の退職された阿部先生の文章が収録されています。高校生たちの、なまなましい言葉も。「想定外の事態と平然というが、事故を想定し、関東圏で使う電力をわざわざ遠く離れた福島の地に立地したのでしょうから、もしこの事故が東京近郊で起きたならば、どうなっていたのでしょうか。他人ごとではなく、考えてほしい。本当に原発はなくてはならないものなのか。地元は雇用や環境整備など東電の財力で一時潤ったかもしれませんが、今回の事故の代償はあまりにも大きいものです。結果的には日常の生活を奪われ、健康危惧と、汚染され、住めなくなってしまった土地が残されました」云々と福島県の高校女教師の阿部先生が語っておられます。一杯いろいろな生の声をお伝えしたいですが、この方の証言に留めておきます。

なぜ「必要神話」と申し上げているか、それは非常に欺瞞性をはらんだものであり、強者、メジャーな部分が、マイナーな、弱者の住民に「差別と犠牲」を強いてきたのが原発そのものであったのではないでしょうか。もちろん私たちは四〇年間、その問題を叫び続けてきたんですが、新聞、テレビ、マスメディアで「安全神話」のＰＲばかり行われてきたので、私たちの福島や若狭の地元住民の声は届いていなかったわけですね。福島の事故を待って初めて、その問題も共有されるようになったのではなかろうかと思っております。

③原発マネー・ファシズム＝ミニ原子力ムラ・麻薬患者＝国内植民地化

三つ目。「原発マネー・ファシズム＝ミニ原子力ムラ・麻薬患者＝国内植民地化」という仰々しい言葉が連なっております。こんな表現だけをつきつけられても、何のことかおわかりにならないと思いますので具体的な事例だけを紹介します。一五基の原発すべてに対して私たち若狭の住民、福井県民は反対してきました。あと一歩、二歩まで実際に建設を止めるところまで迫った大運動もあったんですが、悉く金力と権力と暴力、暴力というのは国家暴力だと思っていますが、最終段階では機動隊や機動車、制服の警官隊までが現地に出動してきまして反対運動を弾圧し、逮捕者まで出すということをやった挙げ句、原発は建設されていったんですね。そこまで極端ではない事例を紹介します。『大西ひとみ全詩集』の「町長選始末記」という詩を採り上げています。若狭に一五基もの原発が集中してしまったやり方、手法、理不尽極まる手法がどういうものであったかを理解していただきたいんですね。具体的な事例で。「町長選始末記」。

山の斜面にセメント吹きつけ／原発道路は切り開かれた／破れた箇所にセメント流しこむように／繕いにやっきになった町政の／これが最後の大芝居

しつらえた舞台の上では／すでに幕は上げられて／泥沼にすっかり首までつかりこんだ／醜い妖怪のさわぎたてる声ばかり／

「おれにはまだ町長としてやり残したことがあるんだ／このまま沈んでしまうわけにいかない、いかない！／

助けてくれ、たのむから助けてくれ皆の衆／もう一期　あと一期、おれを町長にしてくれぇーい！」／

目をこらしてよくよく見れば／ずらり並んだお偉方／この妖怪に棹さして／

「さあさあもうひとふんばり町長さん／あんたにここで沈まれては／おれたちの明日も先ゆき不安／がっちり手を取り頑張りやしょう」／

観客はだだっと舞台になだれ込み／この妖怪めとばかり頭をめった打ち／おのれ殺してやるーーと／思う心はあせるばかり／重い手かせ足かせがじゃまになって動けない／おやおや　泥沼に見えたのは／なんということか札束の池／次々と放りこまれる札束を貪り食った妖怪は／勇気百倍またもや楽々はい上がり／あれよ　あれよと見守るうちに／五度目の町長のイスを物にしてしまった／原発の町の町長選は／黒い噂も何のその／夜ごと夜ごとの提燈行列／ふところからふところへ札束は投げ込まれ／心ある人々の声はかき消され／悲しい茶番劇はあっけなく幕となった

この町長選は決して保守革新の一騎討ちではなかったんですが、対抗馬として小学校の校長先生が退職され立候補されまして「高浜三、四号の建設は町民の声をよく聞いてから決めます」という公約を掲げられたにすぎない。そういう町長選だったんですが、非常に熾烈な闘いになりまして、結果は三八〇〇票対三四〇〇票でした。

後日談があります。大手ゼネコンの熊谷組は、若狭の原発をほとんど一手に引き受けてきた。他の大型ゼネコンもオールスターキャストで日本列島、若狭の原発の建設を請け負ってきていますが、就中、若狭の原発は福井県出身の熊谷組が請け負ってきた。その熊谷組や、関西電力の社員や下請け企業の従業員を含めて、六〇〇人が住民票を選挙の三ヵ月前に移していたんですね。にもかかわらず票差は四〇〇票差でした。対抗馬の人が高浜一、二号の労働者の安全を公約の中に含めていた関係もあったんだと思います。

そうして原発が若狭に集中化してくる中で、原発城下町化した敦賀、美浜、大飯、高浜の住民がおかれている雰囲気はどうなっているか。大西さんは「笑う」という短い詩を書いています。

わたしたちのまちには／密かな笑いが淀んでいる／町長の笑い／電力会社の笑い／漁師の笑い／原発労働者の笑い／それぞれの立場で／ゆがんだ思いで笑っている／原発の町の空の下／逃げ出せる準備のあるものと／行くあてもない人々の／はっきり引かれた線の上で／高らかに笑っているのは／滅びの神

これは何も福島事故後に書かれた詩ではありません。三〇年近く前、大西さんは高浜で歯医者さんの事務員をやっている方でした。民主的な全国詩檀では彼女の詩は知られたものだったんですが、四半世紀前に乳ガンで四四歳で亡くなっている方です。

若狭に一五基の原発がどのようにして集中化したのか。なんでそんな超危険なものを若狭の人々は受け入れてきたのかという疑問をご存知でない大都市圏の皆さんや全国各地の圧倒的多数の国民の皆さんは「原発を受け入れてきた人たちの気が知れない」と思っておられるかもしれないんですが、こういうことが、たとえば高浜三、四号増設の顚末であったということを認識していただきたいと思います。これは東の原発銀座・福島でも決して例外ではなかったと思っています。その福島で実際に破局的に事故に巻き込まれていった地元、福島県民の切ない怒り、憤怒の声がここに反映していると思います。

確かにいろんな問題点、危険な問題点、客観的なデータや客観的な事実を論理的に整理して皆さんにアピールするのも、もちろん大事なことなんですけど、同時に詩とか歌とか韻文の中に凝縮された思い、メッセージも訴求力があると思っております。それを凝縮した、福島の人々の無念を伝える、南相馬市の小高町から今は滋賀県大津市に避難されている女性の方の「拝啓東京電力様」という詩を、ぜひ皆さんとともに読んでみたいと思います。

エアコン留めで、耳の穴かっぽじって　よーく聞け／福島には「までい」っつう言葉があるんだ。

／までいっつうのは、ていねいで大事にする／大切にするっちゅう意味があるんだ。／
そりゃあ、めいらどこ東北のくらしは厳しかった。／
米もあんまし獲れにぇがっだし／べこを飼い／おかいこ様を飼い／自然のめぐみで、までいに
までいに今まで／暮らしてきた。
原発はいちどに何もかもを／奪っちまった。／
原発さえなかったらと／壁さ チョークで遺書を残して／べこ飼いは首を吊って死んだ。／
一時帰宅者は／水仙の花咲く自宅の庭で／自分さ火つけて死んだ／放射能でひとりも死んでい
ないだと……／
この うそこきやろう 人殺し／原発は 田んぼも畑も海も／ぜーんぶ（全部）かっぱらったんだ。
この 盗っ人 ドロボー／原発を止めれば／電気料金を二倍にするだと……（中略）／
おめいらのような人間につける薬がひとつだけあんだ。／
福島には人が住まんにゃくなった家が／なんぼでもたんとある／そこをタダで貸してやっから
よ／オッカァと子と孫つれて／住んでみたらよかっぺ。／
放射能をたっぷり浴びた牛は／そこらじゅう ウロウロいるし／セシウムで太った魚は／腹くっ
ちくなるほど 太平洋さいる／いんのめぇには 梨もりんごも柿もとり放題だ／ごんのさらえば
／飯も炊けるし、風呂も沸く／マスクなんと うっつぁしくて かからしくて／するもんでねぇ
／そうして一年もしだら／少しは薬が効いてくっかもしんにぇな／ほしたら フクシマの子供ら

とおんなじく／鼻血が　どどうっと出て／のどさ　グリグリできっかもしんにぇな／ほうれ　言った通りだべよ／おめぇらの言った　安全で安心な所だ。／
さあ、急げ……／
荷物まとめて　フクシマさ引っ越しだ／これが　おめぇらさつける／
たったひとつの薬かもしんにぇな。

私はこの青田恵子さんの詩を福島県の人たちの詩として読むことができません。若狭の住民の明日の姿、昨日の姿であっても不思議ではないんですけれども、そういう思いでこの詩をいつも読み返しております。コメントする必要はない内容だと思っています。

④不可欠の被曝労働者（新たなヒバクシャ）

四つ目に移ります。「不可欠の被曝労働者（新たなヒバクシャ）」という問題です。絆創膏を口にはられて怒っている男の人のイラストがあります。若狭で下請け被曝労働組合が八〇年代前半につくられた時、数年にして大弾圧で潰されました。下請け労働組合が出来た時、三、四人の役員だけが表に出て、あとは匿名者ばかり。その人たちは一九項目の要求を掲げました。「自主・民主・公開の原則に立ち、一切の秘密主義をやめ、点検や事故の際の下請け労働者への厳しい口止め、禁足令、監視、政府調査官などへのウソの強要などをやめさせよ」。これが要求項目だったんです。下請け労働者は被曝しながら労働を余儀なくされている現場がどういうことであったかを、八〇年代前半、このことは物語っています。

この組合は潰されましたから今も被曝労働者の労働条件は改善されていません。むしろ悪化してきています。そういう中で福島の事故も迎えているわけです。福島事故以降、年間五ミリシーベルト以上浴びると、一年後に白血病を発症した場合、その労働者は労災保険の適応を受けることができる。これが年間五ミリシーベルトの基準だということです。そういう人がすでに去年一年だけでも一万人近く増えているということです。

下請け労働組合が若狭の被曝労働者の家庭訪問を三〇〇軒あまりした時、四〇人あまりの人が、白血病やがんで死んでいることがわかりました。その人たちのところを美浜町の社協の女性コンサルタントがヒアリングしてまわった、その時の記録です。三人だけを紹介します。亡くなった被曝労働者の奥さんの話です。「主人はがんで死んだのだと思います。医者からは写真に写らないところで『どこが悪かったんやろ』といわれていましたが、詳しいことは聞かせてもらえなかったんです」。「夫は丈夫な人でした。五〇代半ばでがんでなくなるとは夢にも思っていなかった。つれあいを失うことほど悲しいことはありません」。「白血病とわかってすぐ入院し五カ月後死亡、あらゆる手をつくしましたが」。この証言が大阪の保険医雑誌、一九八八年の一二月号にちゃんと収録されています。私は耳で聞いている問題もたくさんあるんですが、皆さんに、後で検証できる、公的にはっきりしているものだけをご紹介しています。

これまで被曝労働で、一定の線量に達した労働者は使い捨てられていくわけです。使い捨てられていった労働者の累計数を、放射線影響協会の中央登録センター、原発推進側の財団法人ですが、ここが被曝労働者の統計を握っています。毎年一回、累計を報告しています。二〇一二年三月末現在累計数、四九一四七〇人。今年度完全に五〇万人を突破します。広島、長崎の被爆者は六五万といわれていました。生存している人は二四万ですが、平和利用の原発の中で働かされてきた被曝労働者が五〇万人を突破しているという客観的事実だけ皆さんにぜひ銘記していただきたいと思います。

⑤被曝災害弱者の子どもたち

子どもたちの問題。いたましいのは子どもたちです。福島県一八歳以下の子どもたち、青少年が放射線にさらされた人数は三六万人といわれています。そのうち福島県自体が、去年から始めている健康調査、数万人単位の調査で、すでに四〇~五〇%を超える甲状腺異常が子どもたちの中に発見されています。今年六月の新聞で一七万人を調査した結果、甲状腺がんが確定した数が二名、疑いが一五人。がんの患者や疑惑を含めると現在では五、六〇人近くになっていると思います。皆さんは一七万人のうちたったそれだけと思われるかもしれませんが、世界の常識として、甲状腺がんの子どもの発症率は一年間で一〇〇万人に一人。一〇〇万人に一人の子どもが発症するという病気です。のどに放射性ヨウ素を取り込むと放射線を浴びて甲状腺がんになることははっきりしているわけですが、それがたった二年、三年に満たない間に出てきている。

ノーベル賞を受けたヘレン・カルディコット博士は自ら三人の子育てをしている小児科の女医さんで、医学博士です。この方が日本に昨年こられて一四の提言を行っています。これもぜひ読んでいただきたい。七項目だけを見ておいてください。「まだ高汚染量区域に居住しているすべての人々、特に子ども、妊婦や妊娠が可能な女性は直ちに日本の放射能汚染がない場所に避難してもらうべきです」。こう警告しています。皆さんはこういうヘレン・カルディコットの警告に重きをおかれるか、政府の学者や研究者たちは「いや、福島にいたって二〇ミリシーベルトまでは大丈夫なんだ、そんなに恐れるにたりません」といっていますが、どちらの意見に重きをおかれるか、皆さんに判断を委ねたいと思います。

⑥全環境・生命・生活の汚染・被曝・破壊――差別は人権に止まらない！

六つ目の問題。全環境・生命・生活の汚染・被曝・破壊――差別は人権に止まらない。人間の全生活が放射能によって汚染され、被曝を余儀なくされ、生活、自然そのものが破壊されていくことは青田さんの詩からもリアルに見て取っていただけたと思います。

今、福島県下で植物の異変がすでに起こっています。小さいのが普通の大きさです。これが巨大化したクローバ。原子力行政を問い直す宗教者の会に加わっていただいている本学の非常勤講師の松岡さんが、ゴールデンウィークに南相馬の海岸部で採取されてきたものです。このクローバを見せられまして、高浜やスリーマイルやチェルノブイリの事例を思いおこさざるをえませんでした。一九八九年に高浜原発の構内で採取されたクローバです。三つ葉、四つ葉、五つ葉、奇形化した茎等のものが採取されました。地元の市民グループがマスコミに発表後、関西の市民グループが高浜原発にいったところ、構内で生えていたものがきれいに刈り取られていました。

スリーマイル原発の一〇キロ以内の丘の上で採取されたタンポポにも、小さいのと大きいものがありました。メアリー・オズボーンさん、小浜に講演にこられた方ですが、旦那さんはスリーマイル原発に勤めていた方です。こういうタンポポがスリーマイルの事故の後にあったんですね。デイズジャパン、一九八八年に創刊された写真月刊誌に掲載されました。一九八六年のチェルノブイリ事故後、ドイツで巨大なタンポポの葉っぱがみつかりました。チェルノブイリ三〇キロ圏内にあった松にも小さな葉と大きな葉があり、チェルノブイリ周辺のリンゴの木には巨大なリンゴがぶら下がっていました。フライデーの一九八六年八月号に出た写真です。

チェルノブイリから一四〇〇キロ離れたドイツの牧場では、二つ頭、三つ目の小牛が生まれました。この小牛はチェルノブイリの事故当時、お母さん牛のおなかの中にいました。安斎育郎教授がコメントしています。「動物実験で母親が妊娠している時に放射線にさらすと、生まれてくる動物に奇形が生じる。チェルノブイリ周辺で起こっている植物、動物の奇形化も、それと因果関係があるかもしれない」ということです。八本足の小馬です。福井新聞の一九九一年三月一一日付で、共同通信の記事と写真を掲載しています。「チェルノブイリ事故後四年たった今も、三二〇件、動物の奇形が発見された。八本足の小馬は地球の原発に警告を発しているのではないか」というコメントが加えられています。

今回は人権週間ですが、私たちは人権だけを問題にしていていいんだろうかという時代に突入しているのではないか。人類以外の生きとし生けるものが命を保っていくための自然環境そのもの、それに対しての配慮、特に人間以外の命あるものに対して差別的に振る舞っていていいのかという問題が問われてきているのではないだろうかと思っています。

⑦モラルハザード、⑧地震列島、「第二、第三のフクシマ」

モラルハザードの問題、地震列島、第二、第三のフクシマの問題。福島の事故を通して、私たちはとんでもない地震列島に住む国民なんだということを思い知らされていると思います。第二のフクシマ、第三のフクシマが、このままだと必ず起こりかねないと思っています。地震は防ぐことはできません。南海トラフの問題がありますね。前門の虎が南海トラフ、後門の虎が若狭の原発の大事故だと思っているのですが、地震は防ぐことはできないが、「原発震災」は人災なんですから、せめて地震が起こるまでに原発は止めておきたい。実は小浜だけは一五基の原発銀座の中にあって、主体的な住民運動、市民運動によって原発を食い止めてきた歴史があるんです。そのことをお話する時間がありません。

●最後に

「第二の原発震災が先か、止めるのが先か」。私の絶大な危機感をもとに「何としても原発を止めましょう。こういう手だてをとればできますよ」ということを地元の「小浜市民の会」ニュース紙に発表しています。原発を実際に止めていくことが夢ではなくなっているのではないかと思っています。推進してきた自民党のど真ん中にいた元首相の小泉さんまでが「即時原発ゼロにしよう」と呼びかけています。福井県においても、原発再稼働と新幹線を取引するような問題だらけの知事ですが、それでも福井県において原発立地県としては初めて「廃炉に向かう時代に突入している。太陽光発電対策をしていかないといけない」と一〇月に明らかにしています。

最後に、「はとぽっぽ」というニュース紙を二カ月に一度小浜市民の会は出しています。その最新号、一二月の一九六号に「第二のフクシマを未然に防ぐ道はこの民主主義の正攻法しかないのかもしれない」という短い文章を書きました。私は若狭に住む一住民・一仏教者として、原発の問題をどのようにとらえてきたのかということを読んでいただきたいと思います。後半部分を読み上げまして今日のお話を締めくくりたいと思います。

1970年代前半に中央や都市部で分裂していた党派や諸団体を結集した小浜市民が、「美しい若狭を守ろう！」と、関西電力の小浜原発誘致を阻止した（もし押し切られていたら4基、小浜原発ができていたはずなんです）頃、計画・建設中の7基の原発に包囲され、当時の市長や市議会多数派は誘致を唱えていた。それを打破できた決定的な要因は24000人の有権者中、13000人あまりの反対署名であった。（これまで多様な運動で小浜だけでなく国内の30地点近くで、原発や中間貯蔵施設、再処理工場を阻止してきた歴史も忘れまい。）

現在、原発の再稼働・延命をもくろむ安倍政権や国会多数派、原子力ムラ勢力に、かつての小浜市民のように国民は包囲されている。が、原発再稼働や憲法改悪には、国民多数の反対世論が潜在しているではないか。いまや、小泉・細川元首相までが死の灰の巨大な後世代へのツケや現世代の倫理的責任にめざめて「即時原発ゼロ」の政治決断を迫る声を上げている。その「倫理的責任」について言えば、立地地元の子孫への倫理的責任（私たち自身の問題でもあります）だけでなく、立地地元へ差別と犠牲を強いてきた広大な消費地元のそれ、被曝労働者や被曝災害弱者の子どもたちへのそれ、さらには全環境・生命への放射能汚染・被曝へのそれも、厳しく問い直されていくべきだろう。また、再稼働ゼロの決断さえできれば、再稼働阻止後の展望や施策も、必ず具体化されるだろう。

集中的な「段取り八分」で、広く、深く、国民的な議論をまきおこせば、署名の収集作業そのものは1週間で断行できるはず。全国が「被害地元」となりかねない「第二のフクシマ」を防ぐ道は、この民主主義の正攻法しかないのかもしれない。

と訴えております。どうもありがとうございました。

（第27回花園大学人権週間・二〇十三年十二月十一日）

構造的差別がまかり通っていいのでしょうか

――沖縄の今日的状況から

知花一昌

●反戦地主から僧侶へ

一九九六年、ここで沖縄のことを話したことがあります。以前は反戦地主として沖縄の状況を伝えることができました。今回は大谷派の僧侶としてここに立っています。私は一九四八年生まれで六五歳になります。僕らの時代、皆さんくらいの若い時代は大学紛争、沖縄返還をめぐって、大学の学生たちは街頭に出て過激な闘いをした時代であります。私ももちろんヘルメットをかぶって火炎瓶をなげて警察権力の壁を突破して、新しい時代を開くんだという思いの中で学生運動に身を投じていました。何回か逮捕されています。そういう私が今、僧侶になっています。「なんであんたが、坊主になるんだ」とよくいわれるんです、私は反戦地主と、もう一つは沖縄国体で日の丸を燃やしたということで話題になった者でもあります。紹介のパンフレットには反戦地主として、読谷村議会の議員として、もう一つは「日の丸」を焼却した被告としても書かれています。

一九八七年、沖縄国体の時に、戦争責任を負うべき天皇が戦争で一番被害にあった沖縄に来るということで大問題になっていました。ところが昭和天皇は吐血、下血になって沖縄にこられませんでした。読谷村もソフトボールの会場になっていました。読谷村は米軍が上陸した場所であり、チビチリガマの「集団自決」等があり、沖縄戦の被害が大きい場所でもありましたので「日の丸」に対しては違和感をもった反発の強い地域でありました。村長も「日の丸」「君が代」に対しては反対だということを正式に表明していました。議会も反対決議をしていました。村民も反対署名をして有権者の半分以上が「日の丸」「君が代」の強制をしないでくれと反対していました。そういうさなかに国体が開かれたということです。国体のプログラムにも国旗掲揚がなく諸旗掲揚となっており、「日の丸」を揚げずに国体をしようと読谷村は準備をしていたんです。ところが日の丸を揚げないらしいと日本ソフトボール協会にバレて、「日の丸」を掲揚しないと国体をさせないと大問題になりました。

私は沖縄戦の「集団自決」の調査をやっていました。集団強制死、「集団自決」は主にはお母さんが自分の産んだ子どもを手にかけていくということです。非常に悲しい出来事です。そういう調査をしていましたので、母親が自分の子どもを包丁かナイフで殺していくということがどうしてできたんだろうか、それは軍国主義教育、「日の丸」「君が代」「天皇制」のせいなんだということがわかっていました。そういう中で「日の丸」「君が代」が強制されてくることに対しておかしいと、反対運動が盛り上がっていたわけです。

だけど国体は国の行事であるからと「日の丸」を掲揚しないと国体をさせないと大問題になったわけです。読谷村の意思が、村長も反対、議会も反対、村民の意思表示が一切省みられず、それが強姦同然におかされていく、これに対して「おかしい」という声を上げないといけないと思い、「日の丸」を燃やしました。それに対して右翼の人たち、沖縄正義党の人たちが私を「殺す」ということで大問題になりました。私はスーパーをしていますのでスーパーに放火されたり襲撃されたりしました。それだけではなくチビチリガマの平和の像まで壊されることになりました。

私の店が放火された時に真っ先に私の応援をしてくれたのがハンセン病の回復者、ハンセン病人権回復裁判の原告だったんですね。後でわかるんですが。私の店が放火された時に真っ先にかけつけてきて「負けないでね」と名前も名乗らずにカンパをしてくれた人がいました。変わった人がいるなと思っていましたら、私が後に選挙に出る時にまた同じ人が来たんです。その時に名前もわかりました。そして応援してくれて私は当選しました。丁度その時、ライ予防法が廃止された、当時の菅直人厚生大臣がライ予防法を廃止するということでハンセン病で強制的に隔離されている人たちが声を上げ始めたんですね。人権回復の裁判がなされていきました。沖縄もハンセン病が多いところです。沖縄には愛楽園と南静園の二つの施設があります。そこに収容された人たちが声を上げ始めました。ハンセン病という、この世では想像もできないような差別と迫害を受けた人たちがやっと声を上げるようになったということで私も裁判の支援をしました。

私の娘は知的障害をもっています。障害者差別に対しても関心をもっていました。そして私が「日の丸」を燃やした時に一生懸命応援してくれたのが部落解放同盟の青年たちでした。部落差別についても勉強し、差別の実態がわかってきました。朝鮮人にも私を応援してくれる人たちがたくさんいました。日本における在日朝鮮人差別についても勉強してきました。差別に対して関心をもち勉強してきたんですが、ハンセン病の実態を知ることによってすさまじい差別、抑圧があるとわかってハンセン病の人たちの裁判の応援をしました。

その中に私が「日の丸」を燃やした時に応援にかけつけてくれた人がいたんですね。裁判の支援者だと思っていましたら原告の方でした。彼は僕の日の丸焼却裁判を一生懸命応援してくれました。ハンセン病の人が、なぜ私を応援したか。聞いてみました。「どうして僕を応援するの?」「あなたはいいよね。やろうと思ったことがやれて。いろんな迫害があっても思ったことをやれてよかった。自分は思ったことさえやれなかった。私がやれなかった分だけ君を応援するよ」といってくれたんですね。

彼はハンセン病を一〇歳で発病し、病気は治りました。沖縄はアメリカの支配のもとでプロミンという薬も入ってきて在宅治療ができていました。強制隔離であって終生隔離ではなかったんですね。治ったから帰れといわれて読谷中学に編入します。

それから勉強して読谷高校を受験しました。優秀な方なのでもちろん合格すると思っていました。ところが自分の名前がない。落されたわけです。「おかしい、納得できない」と一六歳の少年が一人で校長に談判しにいくわけです。「私の成績が悪かったんですか？」「あなたは天刑病だからね」。校長先生も正直で「成績は悪くありません」「どうして落されたんですか？」「あなたは天刑病だからね」。天から刑罰を受けた病気、ハンセン病を遺伝病といって差別をしていました。彼は病気も治り、医者に帰れといわれて、どんな病気でも結核でもがんでも治れば差別はないじゃないか。なんでハンセン病は治っても差別されるんだと彼はカッときて、病気のいわれなき偏見によって人生が閉ざされていることに対して校長を殴ろうとしたが、殴れなかった、やさしくて。身分を隠して別の私学に入る。

彼はそこで殴ればよかった。殴れば刑事事件になって差別の実態も明らかになったし、入学できたかもしれない。思ったことができなかった。あなたは「日の丸」を燃やして、放火もされて、襲撃され、殺すという脅迫を受け、チビチリガマまで壊される、こういう迫害を受けた。でもあなたはいいよね。自分はやれなかったんだと、その分だけ僕を応援すると。僕もハンセン病の裁判を応援しました。熊本地裁までいって判決も聞きました。

その時に僧侶、坊主たちがハンセン病の支援の中にたくさんいたんですね。私は学生運動をしました。マルクスも少しは勉強しました。『ドイツ・イデオロギー批判』というのがあるんですが、その中で「宗教はアヘンである」といわれています。宗教はアヘンだということで、近くにすばらしいクリスチャンがいても、自分は宗教者になる、宗教に帰依することは一切考えませんでした。特に仏教は葬式しかしないということで嫌いでした。

ところがハンセン病裁判の支援の中に坊主がたくさんいたんですね。坊主にも人権問題、社会問題にかかわりをもっている人がいるんだなと思いました。その人たちの話を聴くと親鸞の教えをいただいた人たちだとわかった。それで親鸞を勉強し始めると親鸞に惚れていく。もっと勉強しようということで、一昨年、京都の山科の専修学院で一年間修行しました。今は僧侶としてここに立っています。以前は反戦地主の当事者として。今回は服装は違いますが、同じ沖縄人として、今、沖縄が抱えている問題について話していければいいなと思っています。

●ただ平和を求めること

今の沖縄は僕からいわせると最も親鸞的な生き方をしようとしている地域ではないかと思っています。親鸞的とはどういうものか。ただ念仏を唱えればいい。念仏とは浄土をきずこうという阿弥陀さんからの呼びかけであり、自分からそれに呼応したものだと思っています。浄土とは何か。浄土というのは法蔵菩薩が唱えた四八願が実現された場所、地域、国であるといってもいいと思います。四八願の第一願は「この国に地獄、餓鬼、畜生あらば正覚を取らじ」といわれています。戦争や飢餓状態があれば私は仏になる資格があっても仏になれませんというんですね。戦争がない、平和を求めていく、これが仏教、四八願の基本ではないかと思っています。平和は特別なことではなく、あたりまえ、誰もが望んでいることだと思います。ところがだれもが平和を口にしながらも実現しない。

人類の希望なんですね。

親鸞さんは八〇〇年前に、ただ念仏さえすればいいといわれたわけです。ただ念仏とは何か。平和を願うということです。親鸞さんの時代は京都では災害があり、飢饉があり、死臭が漂っていたというくらい戦争と災害の時代であったわけです。その中で既存の仏教が何もしない。幕府も何もしない。朝廷も何もしない。民衆がどんどん死んでいく、死んでも片づける人がいないくらい、その中でただ念仏といわれたわけです。浄土を目指したということです。

ただ念仏、平和を目指すだけで法然、親鸞は弾圧されたわけです。仲間は四名も打ち首にあっている。親鸞や法然は島流しです。ただ念仏だけです。私が学生のように火炎瓶をもって機動隊に投げるとか過激なことをしているわけではない。ただ「南無阿弥陀仏」、これを唱えただけで弾圧され、念仏禁止令が出るわけです。なぜか。念仏に託された平和への願いが実現していないから、権力者の不作為が表に出てくる。それが民衆の中に広がっていくと権力が脅かされる。既存の価値観が脅かされる。そういう中で朝廷は既存の仏教諸派から告訴され念仏を弾圧し、禁止するわけです。ただ平和を求めるだけです。

今、沖縄はただ基地をこれ以上、つくらんでくれと主張しています。ただこれだけです。私たちは特別なことを主張しているわけではありません。普天間基地は危険だから県外に、国外にもっていってくれとオール沖縄、知事も含めて県議会も全会一致で四一市町村の町長、市長、議会もこぞって普天間基地の危険を除去するために移設は県外、国外だと主張してきました。鳩山前民主党政権も県外だといっていました。ところがアメリカの力によって潰されていった、県内、辺野古になってしまったんですね。

これは第五の琉球処分だと思っています。沖縄の今は復帰して四一年を迎えています。多くの沖縄の人たちは今は第五の琉球処分がなされようとしていると。そこに構造的差別というものがあります。構造的とは何か。他に選択肢がありながら、それを試ることなく、当然であるかのように制度化された歴史的状態－思考停止が歴史的になされていること。日本にある米軍基地の七四％が沖縄に集中している。沖縄の面積は日本の面積の〇・六％です。沖縄県土の一八％が基地になっています。私の読谷村は復帰の時、七五％でした。今は返還をかちとっても、それでも三六％です。嘉手納町は八三％が米軍基地です。そのことによって起こる被害がたくさんあります。

こういう構造的差別、沖縄に政治的、社会的な差別がなされている。米軍基地問題を押しつける、なにがなんでも沖縄しかないんだという形で押しつけてくる。日本政府による米軍基地をめぐっての沖縄への対応は沖縄差別だということが沖縄の人たち、県民に認識されていることでもあります。

沖縄では、あれほど求めた日本になろう、平和憲法があり、経済的発展があり、そして基本的人権も守られている、日本に行こう、日本に行こうとして祖国とまでよんで復帰運動をしてきましたが、日本になったにもかかわらず、今、沖縄は独立しようじゃないかという気分が盛り上がってきているのが現実です。これまでも独立運動はありましたが、今までは居酒屋論議だった。酒を飲んで「沖縄は独立だ」と叫んできた。最近は形が見えてきた。今年五月一五日には琉球民族独立総合研究所が立ち上げられました。日本から独立する動きをつくっていこうと。なぜそこまでになってきたのかを話していきたいと思います。

●第一～第四の琉球処分

第五の琉球処分だといいました。第一は何か。第一は一八七九年、明治政府から軍隊が派遣されて琉球国がつぶされ日本に併合され沖縄となった。これが第一の琉球処分です。第二が一九四五年、沖縄戦争です。沖縄戦では地上戦が展開されました。三月～九月の間です。日本は八月一五日に戦争が終わっていますが、沖縄の最終的な終戦は九月七日です。

六月の段階でほとんど戦闘は終わるんですが、牛島中将という沖縄の最高司令官が割腹自殺した際に、彼が最後に「最後の一兵まで敢闘せよ」と命令して腹を切って死んでいきます。その命令を聞いた人たちは最後の展開をしていく。もちろん組織的なものはありません。最終的には九月七日、捕虜になった中で宮古島からつれてこられた日本軍の位の高い人が軍刀をアメリカ軍に差し出し、そこで終戦の調印をしています。八月一五日をすぎても八月二〇日にも戦闘があり、九月七日が沖縄の終戦だったということになります。時間が長ければ長いほど多くの人たちが犠牲になっているわけです。そのために二四万人の人たちが殺されたことになります。

沖縄戦、沖縄にいた日本軍は現地召集も含めて一一万人です。ところが読谷村から上陸したアメリカの軍隊は一八三〇〇〇名です。当時の経済力の差は、ほぼ軍事力の差になります。アメリカと日本の経済力の差は一一倍あったといわれています。少なくともアメリカと日本の軍事力は一〇倍の差があったとみていいと思います。そういう中で動員した部隊もアメリカ軍が一八万、日本軍は一一万、兵力が違いすぎる。なぜ負けるとわかりながら戦争をしたか。本土決戦を準備するための時間稼ぎが必要だった。最高司令官＝元帥である天皇を安全なところに移す。司令部＝大本営を移すことを画策したわけです。どこに移したか。米軍は東京に上陸するだろうということから長野県松代に。象山という山に要塞をつくってあります。その時間稼ぎをする必要があった。勝てもしない戦に犠牲を出した、捨て石作戦といわれています。そこで沖縄は処分されたわけです。本土を守るために。

第三の琉球処分は何か。戦争に負けた時、サンフランシスコ講和条約が締結されました。一九五二年四月二八日発効です。今年の四・二八では何が行われたか。安倍政権の中で主権回復記念の日ということで政府は式典をやりました。最後には「天皇陛下万歳」と。プログラムに入っていなかったといわれていますが、でも国会議員を含めて参加した人たちが「天皇陛下万歳」を言うということになりました。四・二八は主権回復記念の日となっていました。

確かにサンフランシスコ講和条約第一条で「合衆国は日本国の主権を承認する」と書かれています。第二条は戦争以前に植民地としてとったところは全部返す、放棄する。台湾も朝鮮も放棄しました。北方領土四島は放棄しました。しかし北方領土については四島を戦争前にとったわけではない。二島はすでに日本の領土としてありました。日本の領土さえもサンフランシスコ講和条約で失っています。第三条は沖縄、小笠原、奄美が切り離されていきます。第三条は「合衆国は沖縄南西諸島の領域及び住民に対して行政、立法、及び司法上の一部及び全部を行使する権利を有する」とされる。それはもう植民地的な支配です。

沖縄は、サンフランシスコ講和条約発効以前から数えると二七年間植民地的な支配を受けたことになります。これは沖縄が屈辱の時代に落とし込められたということです。当初、自民党の公約には祝賀式典となっていました。ところが沖縄側からの抗議で主権回復記念の日となったわけです。祝賀式典という言葉はなくなりました。沖縄ではサンフランシスコ講和条約が発効した一九五二年の四・二八を「屈辱の日」として闘いの日になっています。

そしてそれが出された背景には天皇のメッセージが生きていました。天皇は終戦後、マッカーサーと一一回、会見しています。どういう話をしたかいろいろ資料はありますが、その中で、天皇の側近である寺崎という人からマッカーサーの側近であったシーボルトに天皇のメッセージが渡されています。「二五年間乃至五〇年間、アメリカが沖縄諸島を領有することが望ましい、日本国民はそれを許すでしょう」というメッセージが生かされ、沖縄は屈辱の時代、アメリカの植民地になったわけです。それが第三の琉球処分です。

第四の琉球処分は何か。一九七二年五月一五日、沖縄が日本になった日。アメリカの支配から解放されて日本になることだった。日本の平和憲法、基本的人権が守られる、戦争をしない国。そういう憲法のもとに帰っていく。アメリカの支配、四・二八の屈辱の日から解放されるために闘ったわけです。それが一九七二年、やっと実現できた。

なぜ日本になった日を第四の琉球処分というのか。私たちが求めたのはアメリカの軍事支配からの解放です。それは高望みでもありません。私たちが望んだのは核も基地もない本土並返還でした。本土並です。本土以上ではありません。しかし実現されませんでした。なぜか。米軍基地がそのままおかれたわけです。本土ではどんどん基地返還がなされました。そして海兵隊はほとんど沖縄に集中し、沖縄の基地は格段に強化されました。あれほど待ち望んでいた復帰が沖縄の中では今、琉球処分となったわけです。

本来ならば五月一五日は国をあげて祝日にしてお祝いするべきだと思います。私たちもそう望んでいたし、当時の佐藤首相は武道館で復帰記念式典をやった、その時、彼は沖縄の復帰を喜んでくれました。そして「自国の領土が平和に戻ってくるのは歴史的に画期的なことだ」と沖縄返還を讃えて喜んだわけです。本来ならば一緒に喜ぶべきです。ところが基地がそのまま残るということで、こんな返還はいやだと沖縄でも大きな闘いが起こりました。本土でも「返還協定反対」「返還粉砕」といってヘルメットをかぶって街頭に出て逮捕者もたくさん出ています。沖縄もゼネストをやりました。基地がない沖縄にしてくれと願ったんですが、ところが沖縄返還は沖縄の意見を一切いれられず、日本とアメリカの合意のもとに処分されました。これが第四の琉球処分で、今もずっと続いているわけです。

あの沖縄返還の時、米軍基地をなくす方法がとられていれば今のような沖縄問題はないはずです。

ところが沖縄は基地がある。キーストーン・オブ・ザ・パシフィックとして、基地をそのままおくことになったわけです。一九六九年、佐藤首相がアメリカに行ってニクソン大統領と沖縄返還の合意をしました。その時、米国議会で問題になりました。「キーストーン・オブ・ザ・パシフィックという、血も流し、金もたくさんつぎ込んできた沖縄を、どうしてタダで日本に返すのか?」という議会の質問があったわけです。当然だと思います。沖縄戦でアメリカ軍も一四〇〇〇人死んでいます。その後、基地をつくるのに膨大な金をつぎ込んでいるわけです。「軍事基地である沖縄をタダで日本に返すのか」ということが議会で問題になった。その時に当時のニクソン大統領の国務長官だった人が「だからこそ返還するんだ」といっています。だからこそです、なぜか。

当時、復帰が決まる中で沖縄は屈辱の時代が続いていましたが、我慢に我慢を重ねて我慢しきれなくなってくるわけです。沖縄は守礼の民としていわれて守礼門もあります。暴動もない。守礼の民である沖縄の人たちも積み重なった悔しさがあるわけです。それが一九七〇年一二月、一気に爆発しました。コザ民衆蜂起として八〇台、アメリカ軍の車輌を焼いた民衆蜂起があったんです。我慢に我慢を重ねて、ついに我慢ができない時には沖縄でも、民衆の蜂起が起こるわけです。基地を返還しなければアメリカ軍だけではもたないという判断をアメリカ軍がしたわけです。そして基地を維持するために施政権、政治をする権利を日本に返還する。施政権返還です。

沖縄返還の内容は施政権をアメリカから日本に返還する。そして基地を残すことが主な目的だった。これはおかしいと、一九七二年の復帰を、あれほど望んでいた復帰であったにもかかわらず、こんな復帰はいやだと「返還協定反対」という一〇万人も集まった集会が何回もなされました。ところが基地があるままで返還されたのです。

●そして、第五の琉球処分

そして今、第五の琉球処分といわれています。私たちはこれまで四回も一〇万人以上の県民大会を開きました。一九九五年一〇月、少女暴行事件が起こりました。一二歳の少女が三名のアメリカ兵に拉致されてレイプされてしまう。悲しい出来事です。これは決して一件だけではありません。それ以前にもたくさんの婦女暴行事件が起こり、ほとんど責任も問われずにアメリカに逃亡している。軍法会議で無罪になる。さすがに一二歳の少女が乱暴された時には沖縄の人たちも我慢できませんでした。そして一〇万人の人たちが集まって、金輪際、こういうことが起こってはいけないということで、反対の県民大会をしました。

日米安保条約の中の地位協定、アメリカ軍が優遇的な処置を受ける。アメリカ軍の公務中は日本には一切裁判権はありません。公務外でも事件が起こった時に基地に逃げこめば日本の警察の権力は一切通用しません。アメリカ軍が犯罪を重ねるたびに「地位協定を見直せ」と。まだ何一つも変わっていません。二〇〇七年には沖縄「集団自決」の教科書改竄がありました。日本軍による沖縄住民虐殺、集団自決ということがあったんですが、高校の教科書から「日本軍による」という言葉が消されました。それに抗議して一一万人の人たちが県民大会に集まりました。なぜ日本軍という主語が消されたことによって一〇万人も集まるのかということです。

沖縄戦の教訓は軍隊が住民を守らなかったことと、教育の恐ろしさです。逆にいうと教育の大切さです。戦争前夜は教育がどんどん悪くなってきます。そして戦争のできる社会状況をつくって戦争に突入するわけです。沖縄戦では教育の恐ろしさが、二〇万人の血を流した教訓です。教科書に「日本軍による」という名詞が消されることよって戦争の責任がうやむやになっていく。沖縄戦がゆがめられていくということで「日本軍による」という言葉を復活せよ、と要求して一一万人が集まりました。まだ十分に復活していません。その実行委員会は、まだ存続しています。

二〇一〇年、辺野古新基地建設中止の県民大会に一〇万人集まりました。二〇一二年九月、オスプレイ配備、オスプレイという危険な飛行機の配備をするなと。今は強行されて二四機が沖縄の空を協定を守らずにどんどん飛んでいます。この時も一〇万人集まりました。一〇万人という数を考えてみてください。沖縄の一四〇万人のうち〇・八～一〇％が一カ所に集まる。私の村では村の予算からバスを一〇台借りて村民を運ぶ。沖縄あげて県民大会をする。村長が呼びかける。チラシも撒きます。そういうことを一カ月近くかかってやります。民営のバス会社も、新聞の片隅みに切り込み線が入れられて、この半券をもっていくとタダでバスが会場まで運ぶことをやるわけです。多くのエネルギーと多くのお金と情熱が注ぎ込まれて一〇万人が集まるんですね。ところが四回もやりましたが、まだなに一つ、残念ながら実現されてはいません。

私たちは特別の要求をしているわけではありません。オスプレイに対して本土でも受け入れる余地があると当時出ていました。東富士、岩国とか。岩国も反対しました。東富士も。反対が起これば政府は配備しません。ところが沖縄はあんなに知事も含めて県民大会を開いても押しつけてくるわけですね。どんなに苦労して自分たちの思いを訴えてきたか。それが一切実現されていません。

そして今、普天間基地は危ない、周囲が民間地域で学校もある。そこにオスプレイが落ちてくると、必ず人が死ぬ。沖縄国際大学に実際、ヘリが墜落しています。その時は夏休みで人があまりいなくて人身事故はありませんでしたが、校舎が破壊されました。ヘリコプターの残骸が落ちる事故現場を仕切ったのはアメリカ軍です。基地の中だったらまだしも、基地の外です。民間地域で起こった事件、事故に対して日本の警察が一切、手を加えることができない。主権なんか、あるはずがない。日本は主権があると思っているかもしれませんが、私たち沖縄からすると、米軍が勝手な主権をもっているといってもいいくらいです。こういうことが起こっている。もういやだと、誰からも出ると思います。実際に知事でさえ「マグマがもりあがっている、いつ爆発するかわからない」ということさえいいます。

今、沖縄で選挙があって自民党が圧勝しています。沖縄でも民主党から自民党に変わりました。沖縄では五名の自民党の国会議員が出ました。選挙の時に公約したのは「普天間基地は県外に移設する。辺野古移設は認められない。反対する」と掲げた人たちに投票し、五名が当選しました。先日、自民党の石破幹事長に呼ばれて自民党議員たちは恫喝されて辺野古移設推進に変わりました。公約違反だと問題になっています。自民党の沖縄県委員会も「県外」だと主張していましたが、五名の国会議員が寝返ったこともあり、自民党県連も寝返って辺野古推進の形になってしまいました（二〇一四年の衆議院選挙ではこの全員が落選しました）。

なぜそれほどまでに圧力になったか。自民党が、今の安倍政権がものすごい圧力をかけたんですね。公約は政治家の命です。それをうっちゃってまで日本政府の言いなりになっていく。すごい圧力があったと思います。辺野古に新基地をつくる、ただ一点に集中しています。外堀を埋めながら辺野古に埋め立て申請が政府から出されているので、仲井真知事がそれを許可するかどうか、知事の権限があるわけです。それを周囲を埋めながら知事に圧力をかけて、辺野古の埋め立てを承認させて基地をつくることを強行しようとしているわけです。こういうことがまかり通る。

果たして京都で、京都の知事も議会も京都府民の九六％が反対していくものを強行することをやるだろうか。やらないはずです。できないはずです。でも沖縄ではやろうとしているわけですね。金も使う、酒も飲ませながらやってきたといわれています。これが構造的差別だと思っています。基地問題をめぐっては沖縄の意思は一切関係ない、強引な形でなされようとしています。

本土でこういう話をすると「沖縄に基地がなくなったら大変じゃないか。基地交付金があるから沖縄は何とかやっているのではないか。基地がなくなったら沖縄はやっていけるか？」といわれます。でももう沖縄は基地がなくてもやっていける。その経済的な関係ができてきています。「基地が返還されると沖縄は困るのではないか」という疑問がよく出されます。ところがこの間、県議会や沖縄県が調査したものをみますと、全米軍基地の返還で生産誘発額は年間九一五五億円。雇用期待が二・

七倍です。今の沖縄の雇用状況は失業率が七・五％と高い。仕事がない。基地が返還されると今の雇用の二・七倍が確保できる。今まで日本政府は沖縄に基地があるために年間三二五五億円の金を注ぎ込んでいるが、基地が返還されるとこれを超える三倍近くの経済効果が出る。

軍用地料がなくなって心配ではないのかとの質問があります。確かに軍用地主が三八〇〇〇～四万人近くいます。軍用地料は七八〇億円あります。日本政府が全部出します。アメリカ軍は一銭も出しません。日米安保条約ではアメリカ軍は土地を借りているわけではない。日本政府からの提供施設だというわけです。日本政府は地主から借りないといけない。その金額が年間七八〇億円あります。それがなくなるとどうなるか。

八年前に返還された象の檻という大きな米軍基地がありました。アンテナ基地です。地主が四五〇名います。五三ヘクタール、一七万坪くらい。その賃貸料が三億六〇〇〇万円でした。「象の檻」は返還されて、もうありません。軍用地料がなくなりました。なくなったら生活できないかというと、そういうことはないんです。私の部落、読谷村の波平にあるんですが、九八％が地主です。三億六〇〇〇万円入りません。そういう人たちが生活できないか。困ったか。そんなことはありません。私は議員をしていました。生活相談もやるんですが、一切そういう話はありませんでした。米軍の家族が金を使うじゃないか。それがなくなると沖縄は経済的に困るのではないかという人たちもいます。しかし、経済的な貧困の問題になったことはありません。

アメリカ人が約五万人います。軍人が三万人近く、家族が二万人近くいます。その人たちが使うお金は米軍独自工事が二六〇億、家庭消費が一三〇億、両方あわせて四〇〇億になります。結構な金ではありますが、これは、なくてもいい状態になった。観光客がどんどん来る。復帰の時は四二万人くらいしか沖縄に来ていませんでした。今は六〇〇万人が来る。その人たちが落すお金が四〇〇〇億円。一〇〇〇万人誘致しようとしています。一人七万円くらい使っています。基地経済よりも観光が大きくウェイトを占めてきた。

経済依存度も、沖縄経済全体に占めるものアメリカからのドルの効果が返還の時は一七~一八%でした。今はたった四%くらい。アメリカの基地がなくなると四%は少なくなる、でもそれくらいは乗り越えることができます。

沖縄の失業率は七・五%くらいあります。本土は五%前後です。沖縄はいつも失業率が高い県です。九〇〇〇名が基地関連で働いています。この人たちがクビになる。大変ではないか。確かに大変だと思います。でもなんで基地があるか。基地が全部返されたらどんな効果があるか。今の投下額の三倍の効果が生み出せるとされています。

基地は沖縄が置いたわけではない。日本政府が日米安保条約に基づいて基地を置いた。その前に四・二八、サンフランシスコ講和条約でアメリカは日本に委ねて基地をつくらせ、そして同時に安保条約を適用して基地が強固になっていったのが今の状況です。そういう意味では基地があるのは沖縄に責任があるのではない。日本の政治によってつくられたのが沖縄の米軍基地です。それは最後まで責任をもつ必要があると思います。また十分できます。

なぜかというと、財政的には今アメリカがいることによって日本の税金から七一〇〇億円くらい出されています。金丸信という政治家が「思いやり予算」として三〇億円を予算化した。「法律的に項目がない。違法だ」と国会で追及され、金丸信が「これは米軍の思いやり予算だ」と。これがどんどん膨れて一九〇〇億円になっています。以前は二六〇〇億円でした。それでも二〇〇〇億近く「思いやり予算」として出されています。どういうふうに使われるか。九〇〇〇人の従業員の給料です。そしてアメリカ人が住む住宅の電気料、水道料、家賃が出されています。こういう金があるんです。

沖縄の基地を全部なくしたら、七一〇〇億円もいりません。米軍がいなくなるから。その一部を九〇〇〇名の基地で仕事をしている人たちの再出発の資金にすれば十分、できる。余るくらいです。そういう意味では基地がなくても、やっていけることが沖縄では公然となっています。

以前、沖縄は基地がなければ経済的にやっていけないという状況がありました。屋良知事は革新系で基地反対の人でした。ところが「基地反対、米軍は出ていけ」といえませんでした。平良知事も革新系で基地反対でした。ところが「米軍出ていけ」といえませんでした。太田知事が「海兵隊は出ていけ」と初めていえるようになりました。今の仲井真知事は自民党系ですが、それでも「基地はいらない」といっています。それはなぜか。ほとんど基地に対して依存しなくてもやっていける自信が私たちについてきたからですね。

北谷町にきれいな町ができています。ここはハンビー飛行場でした。そこで一〇〇名の沖縄の人たちが働いていました。今はきれいな町になっています。そこで二二〇〇名の人たちが働いています。北谷町の税収が復帰直前は三五七万円くらいしか入っていませんでした。資産税とか。今は一億あまりが入ります。経済波及効果も一七〇〇億くらいある。沖縄でも、最も盛んな町になっています。若者の町です。

そして那覇の新都心は、以前は米軍の牧港住宅でした。そこでガードマンとかで働く人たちが一九〇名いました。新都心になって七〇〇〇名の働く場所になっていて、税収も一〇億くらい那覇市に入っている。こういう返還されたところを活用する手だてができるようになってきたわけです。沖縄はもう基地はいらない、基地に頼った経済も、もう必要なくなってきている。そういう中で沖縄は今を迎えているわけです。そして「普天間基地は早く撤去せよ。沖縄に新しい基地をつくるな」といっていますが、日本政府はアメリカと共同宣言を出して、基地を辺野古に移設することになっているわけです。

●怒りは悲しみからでる愛

私は僧侶です。仏教では煩悩の三欲、貪欲、瞋恚、愚痴があります。これは煩悩をかきたてる原因だといわれています。特に瞋恚というのは怒り。仏教は妬み、怒りを評価しません。仏教者は怒りを表に表してはいけないといわれてきました。今もそういわれているのでしょうか。でも怒りを表さないといけない時もあるんです。法蔵の願心とは、如来の怒りを表す心であると思っています。

東本願寺から発行された「佛の名のもとに」という本があります。そこにこう書かれています。

怒りを忘れた慈悲心、怒りなき信仰は無性格であり、そこに何らの行証はない。今日、宗教を語り、信心を学ぶ人は多い。しかし、そこに怒りをもてまことを求める人は少ない。法蔵の願心は、もと純粋な憤怒の言葉ではなかろうか。法蔵菩薩の第四八願の、第一願は、「国に地獄（戦争）・餓鬼（欠乏）・畜生（恐怖）あらば　われ正覚をとらじ」である。信心とは凡夫の心に隆起した法蔵の願心である。されば信心は、まことなき世にまことを求める心に始まり、まことなき世にまことを生きんとすることに帰すると言っていい

怒りは悲しみから出る愛だと私は思っています。愛あれば怒りが出てくるんです。今の現実を直視した時には怒りなしに直視することはできません。今の日本の社会、数日前も特定秘密保護法が裁定されました。そして集団的自衛権も変えようとしています。集団的自衛権の解釈も内閣では着々と進められています。集団的自衛権が公然と出されていけば憲法を改正する必要はなくります。あえて憲法を改正する必要はありません。なぜかというとアメリカが戦争をすれば一緒に戦争できる体制が公然とできるからです。憲法九条は完全に骨抜きにされていくわけです。

私たち日本の国民は気づいているだろうか。私たちの大事な憲法です。しかも私たち沖縄は憲法九条が実際に適用され、それを、ああよかったなというような実感をもって憲法九条をとらえたことは

ありません。だから余計に憲法九条を大切なものとしてみています。なぜかというと身近にアメリカの戦争があったからです。僕が小さい頃は朝鮮戦争でした。読谷村は九〇%が基地になった時代がありました。朝鮮戦争の時代です。ベトナム戦争、湾岸戦争、アフガン・イラク戦争、沖縄の米軍基地は戦争がある時はわかります。飛行機の数とか弾薬の運搬が激しくなる。そういう形で沖縄の基地が変わります。それを私たちは見てきました。そういう意味では憲法九条は大切なものだと。

日本は空気みたいに憲法九条をみてきて、そのありがたさもわからんと思いますが、空気もなくなったら死ぬのと同じように、憲法九条も変えられると後悔しても死にきれない時代になってくると思います。だから今も空気を汚さないように憲法九条もおかさないように日頃から関心をもってみていかないといけないと思います。

私たちの先輩は教えています。仏教を学ぶ人は片手には新聞をもて、片手には聖典をもてと。仏教の教えに師事しながら私たちの社会をみていく。この二つがなければ一方だけだったらとんでもないことになる。今の宗教もそうだと思いますが、歴史をみれば明らかです。日本の仏教というのは特に戦争協力をしてきました。どんな宗派も戦争協力をするという宗祖はいないはずです。だけど明治、大正、昭和、日本の仏教は全面的に戦争に協力していった。数少ない人たちが抵抗しましたが、宗派は全面的に戦争協力です。これは過去の話ではないんです。特定秘密保護法案ができ、集団的自衛権ができ、どんどん攻められてきた時に私たち仏教を生き方にしている人たちが本当にそれに抗して教えを全うすることができるかということです。あやういこともあるんです。私たちは日頃、聖典と新聞をもちながら社会的存在としての私たちが表現できる場をちゃんとつくっていかないといけないと思っています。沖縄で僧侶として仏教にそった生き方、平和を求めていく。仏教こそ平和を、そして差別をなくす教えであると思っています。そういうことを貫きながらやっていきたいと思います。

（第27回花園大学人権週間・二〇一三年十二月十二日）

深まる子どもの貧困

――子どもの貧困対策法や学習支援にも触れて

吉永　純

●はじめに――生活保護家庭の子ども

皆さん、こんにちは。私に与えられたテーマは「子どもの貧困」です。本日のお話を準備する過程でデータを調べてみましたが、あらためて子どもの貧困が抜き差しならない状態に至っていることを感じました。本日は、まずある生活保護家庭の映像をご覧いただき、子どもがおかれている現実を見ます。次に子どもの貧困を国のデータ等によって確認し、対応する施策を概観します。その後、現在花園大学では学習支援のボランティアを学生さんの協力をえてやっていますが、メンバーの学生の方もお二人きていただいていますので、実際にどんなことをやっているか、どういうことを感じているか出してもらいながら進めていきます。

まずある映像を御覧いただきます。この映像は、生活保護を受けている家庭の子どもに焦点を当てた珍しい映像です。私は生活保護のケースワーカーをしていましたが、このような家族は珍しくないと思います。

これはＮＨＫ教育テレビで二年前に放映されたものです。お祖母さんが亡くなったショックでしっかり者のお母さんが病に倒れ、漁師だったお父さんは台風で持っていた漁船が壊れ仕事ができなくなる。お父さんに、寝たきりのおじいちゃんの世話とか、お母さんの面倒や子どもの世話が一気にかかってきて、疲れきってお酒に手を出して家庭の中もうまくいかない。小学生高学年の娘さんも栄養失調状態で何カ月もお風呂に入れていない。失職や病気などのアクシデントが重なり、家族の絆が弱まり、家庭生活が維持できなくなるケースです。問題が重なり合った重度のケースですが、こういうケースはそんなに珍しくない。こういう方たちにどんな支援をするのか。子どもたちがこういう状況に陥らないための支援はどんなものがあるかが問題となります。

映像で支援員のケースワーカーがいわれるように「自分のことが自分で決められる人生を歩んでほしい」。選択の自由、自己決定を保障するような環境をどう保障していくかが目標となります。生存を守ること、身体の健康を回復することが大前提となりますが、進路や人生の選択の自由、自己決定権がどんな子どもたちにも保障されなければいけない。また、このケースで感じましたのは、三年前、お母さんが頼りにしていたお祖母ちゃんが急に亡くなったということから家族の亀裂が始まって深刻な事態に至っている。生活保護が始まるまで三年もかかっている。なぜもっと早く支援ができなかったのか。もう少し早く生活保護になれば、そこまでしんどい状況にならなかったのではないかと思います。早い段階で地域とか家庭を支援できるような気軽な相談先が身近に必要です。社会的な雰囲気も生活保護は恥ずかしくて利用できないとか、それは恥ではなく、必要な時に利用して必要でなくなればやめたらいいという社会的合意が必要だと思います。

1●現代の貧困——貧困の拡大、要因、生活保護

(1)子どもの六人に一人が貧困

まずデータから日本の貧困状態を見ていきます。内閣府の資料(図表1)によると、日本の貧困率は一六%となっています。国が公式に認めた貧困だという人が日本で一六%いるということです。六・二人に一人。これはすさまじい数です。人口に換算すると二〇〇〇万人を超えます。花園大学近くの円町で通りがかりの市民のうち六人に一人が貧困ということになります。実感にはあわないかもしれませんが、数字が示す厳然たる事実です。子どもがいる世帯の貧困率は一五・七%です。一般の貧困率と変わりません。ひとり親世帯ですと、貧困率は極端に上がり、五〇・八%にもなります。二世帯に一世帯以上が貧困ということです(注)。

では、貧困率はどうやって決めるのかを次に見ます。まず日本で所得のない方から億万長者まで所得順に並べます。日本で一番お金持ちはどなたかご存知ですか。資産レベルですが、日本一はソ

フトバンクの孫正義さんです。現時点での財産は一八四億ドル、約一兆八七〇〇億円。スマホや携帯でソフトバンクを使っている方は孫正義さんの財産に多少は寄与しているかもしれないですね。因みに二番目は誰か。みなさんが身につけているかもしれない。ユニクロの柳井さん、一七九億ドル、一兆八二〇〇億円の資産家です。ナンバー一と二の合算が三兆六〇〇〇億円、これがぴったり日本の年間生活保護費です。億万長者二人の資産が日本の生活保護費総額、二〇〇万人の生活費に相当するわけです。すさまじい所得、資産格差というべきでしょう。

　こうして並べた真ん中の人の所得を所得中央値と呼び日本人の標準的所得です。貧困線は所得中央値の半分未満の所得の方の割合となり、そういう人の人口比が相対的貧困率となります（図表2）。具体的な金額では、一人暮らし換算で一一二万円

図表1

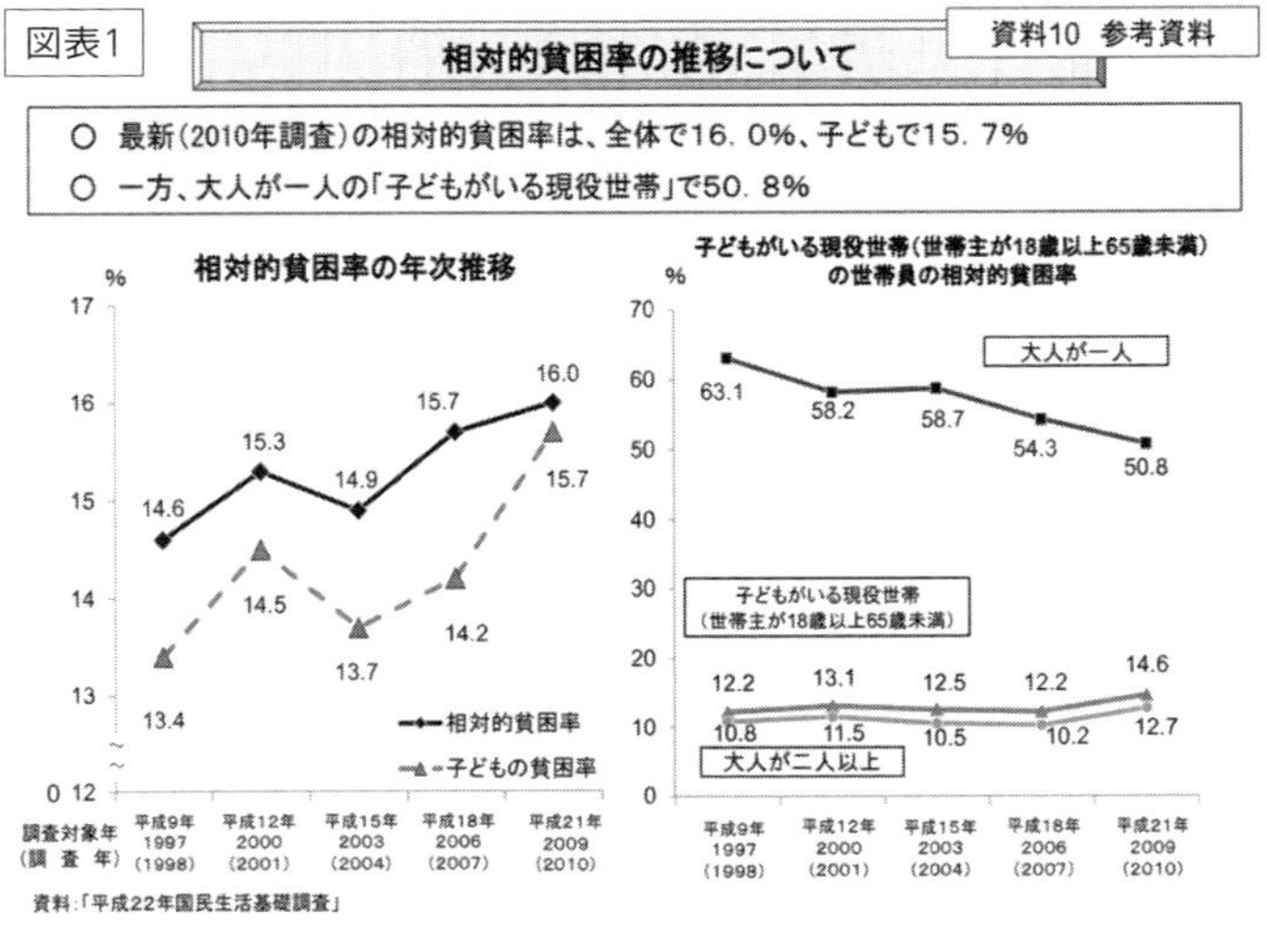

（出所）　H26.4.17　内閣府　第1回子どもの貧困対策に関する検討会資料

の年収、すなわち一カ月九三〇〇〇円未満の暮らしとなります。これは苦しいですよ。家賃五万円払うと四万円で生活しないといけない。そういう生活レベルです。四人家族だと四倍にはならず二倍にしかなりません。家族が増えても家計の合理化部分があるためです。一人暮らしが食事や水光熱費でも単価的には一番高くなるからです。ですから四人家族では毎月一八六〇〇〇円未満が貧困となります。

日本の貧困状況は世界ではどれくらいの位置か。一六%はワースト六ですね。日本より悪い先進国はアメリカくらいです。子どもの貧困率がワースト一〇に入っています。一人親、母子家庭の貧困率は韓国と同じで最悪の状況をこのグラフが示しています（図表3）。この状況を客観的に認識する必要があります。

貧困状況の拡大は別の角度からも明らかにな

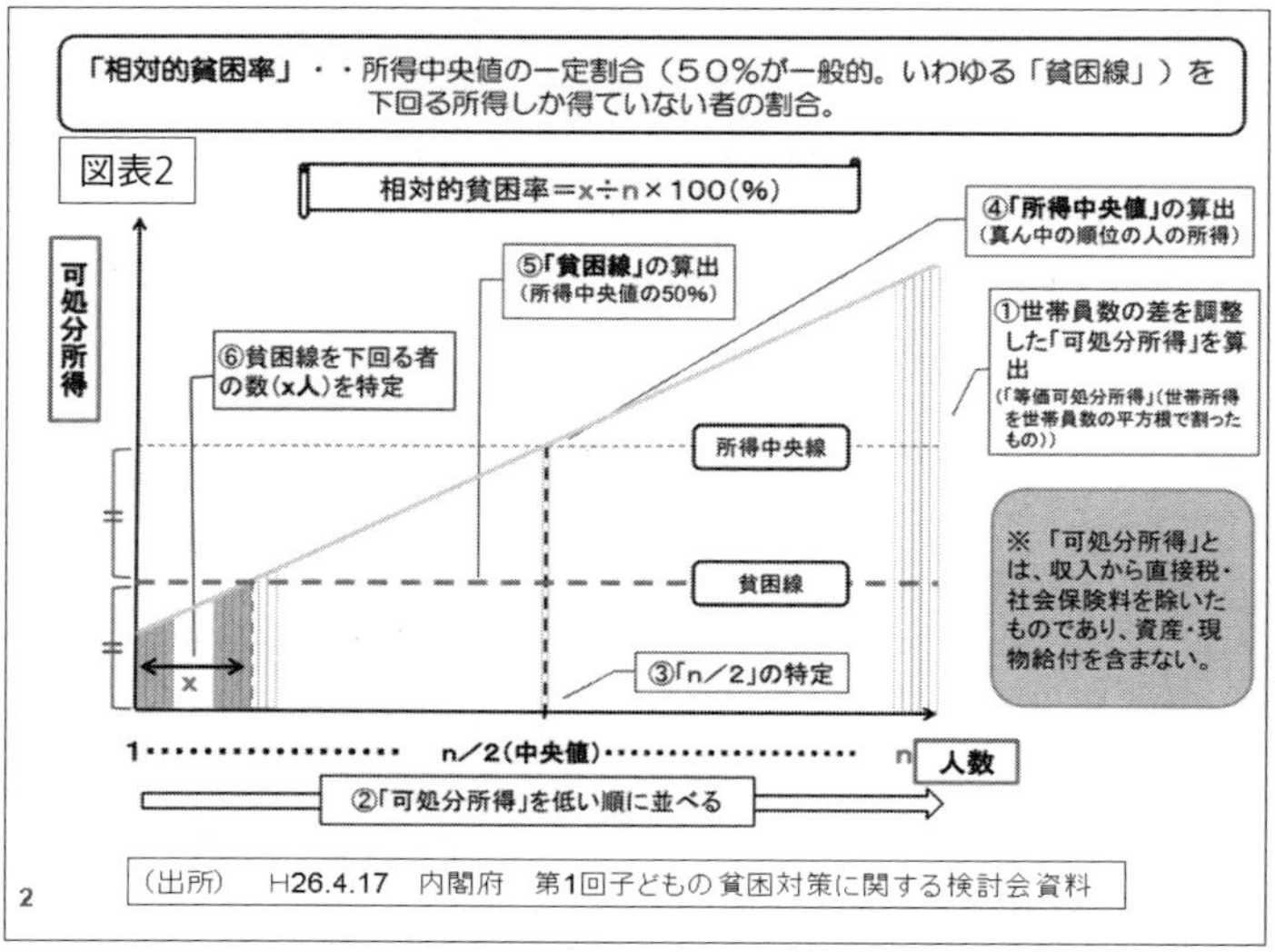

（出所）　H26.4.17　内閣府　第1回子どもの貧困対策に関する検討会資料

っています。消費税が四月から三％上がり八％になりました。それに伴う弱者対策として臨時福祉給付金が、一回限りですが、一万円支給されます。この対象者が住民税均等割非課税世帯の方です（住民税がまったくかからない低所得世帯）。この対象者が二四〇〇万人です。これらの世帯の収入レベルは単身で一〇〇万円くらいの収入、四人家族で二五六万円未満程度となります。ということは二四〇〇万人の方はかなりの貧困層だということです。ただし、これには生活保護の二〇〇万人は入っていません。生活保護の方は保護費に消費増税分を上乗せする措置がとられたからです。つまり、計二六〇〇万人くらいの人が日本では貧困だということです。

　しかし、貧困とみなされる現在二六〇〇万人のうち、二〇〇万人しか生活保護を受けていません。たった八％程度しか生活保護では救済されて

図表3

貧困率の国際比較（2010年）

○ 日本の相対的貧困率は、OECD34カ国中29位の水準　○ 「子どもの貧困率」は34カ国中25位であるが、大人が一人の「子どもがいる世帯」では33位

相対的貧困率			子どもの貧困率			子どもがいる世帯の相対的貧困率								
						合計			大人が一人			大人が二人以上		
順位	国名	割合	順位	国名	割合	順位	国名	割合	順位	国名	割合	順位	国名	割合
1	チェコ	5.8	1	デンマーク	3.7	1	デンマーク	3.0	1	デンマーク	9.3	1	ドイツ	2.6
2	デンマーク	6.0	2	フィンランド	3.9	2	フィンランド	3.7	2	フィンランド	11.4	1	デンマーク	2.6
3	アイスランド	6.4	3	ノルウェー	5.1	3	ノルウェー	4.4	3	ノルウェー	14.7	3	ノルウェー	2.8
4	ハンガリー	6.8	4	アイスランド	7.1	4	アイスランド	6.3	4	スロヴァキア	15.9	4	フィンランド	3.0
5	ルクセンブルク	7.2	5	オーストリア	8.2	5	オーストリア	6.7	5	イギリス	16.9	5	アイスランド	3.4
6	フィンランド	7.3	5	スウェーデン	8.2	6	スウェーデン	6.9	6	スウェーデン	18.6	6	スウェーデン	4.3
7	ノルウェー	7.5	7	チェコ	9.0	7	ドイツ	7.1	7	アイルランド	19.5	7	オーストリア	5.4
7	オランダ	7.5	8	ドイツ	9.1	8	チェコ	7.6	8	フランス	25.3	7	オランダ	5.4
9	スロヴァキア	7.8	9	スロベニア	9.4	9	オランダ	7.9	8	ポーランド	25.3	9	フランス	5.6
10	フランス	7.9	9	ハンガリー	9.4	10	スロベニア	8.2	10	オーストリア	25.7	10	チェコ	6.0
11	オーストリア	8.1	9	韓国	9.4	11	フランス	8.7	11	アイスランド	27.1	11	スロベニア	6.7
12	ドイツ	8.8	12	イギリス	9.8	11	スイス	8.7	12	ギリシャ	27.3	12	スイス	7.2
13	アイルランド	9.0	12	スイス	9.8	13	ハンガリー	9.0	13	ニュージーランド	28.8	13	ハンガリー	7.5
14	スウェーデン	9.1	14	オランダ	9.9	14	イギリス	9.2	14	ポルトガル	30.9	13	ベルギー	7.5
15	スロベニア	9.2	15	アイルランド	10.2	15	アイルランド	9.7	15	メキシコ	31.3	15	ニュージーランド	7.9
16	スイス	9.5	16	フランス	11.0	16	ルクセンブルク	9.9	15	オランダ	31.3	15	ルクセンブルク	7.9
17	ベルギー	9.7	17	ルクセンブルク	11.4	17	ニュージーランド	10.4	17	スイス	31.6	15	イギリス	7.9
18	イギリス	9.9	18	スロヴァキア	12.1	18	ベルギー	10.5	18	エストニア	31.9	18	アイルランド	8.3
19	ニュージーランド	10.3	19	エストニア	12.4	19	スロヴァキア	10.9	19	ハンガリー	32.7	19	オーストラリア	8.6
20	ポーランド	11.0	20	ベルギー	12.8	20	エストニア	11.4	20	チェコ	33.2	20	カナダ	9.3
21	ポルトガル	11.4	21	ニュージーランド	13.3	21	カナダ	11.9	21	スロベニア	33.4	21	エストニア	9.7
22	エストニア	11.7	22	ポーランド	13.6	22	ポーランド	12.1	22	ドイツ	34.0	22	スロヴァキア	10.7
23	カナダ	11.9	23	カナダ	14.0	23	オーストラリア	12.5	23	ベルギー	34.3	23	ポーランド	11.8
24	イタリア	13.0	24	オーストラリア	15.1	24	ポルトガル	14.2	24	イタリア	35.2	24	日本	12.7
25	ギリシャ	14.3	25	日本	15.7	25	日本	14.6	25	トルコ	38.2	25	ポルトガル	13.1
26	オーストラリア	14.5	26	ポルトガル	16.2	26	ギリシャ	15.8	26	スペイン	38.8	26	アメリカ	15.2
27	韓国	14.9	27	ギリシャ	17.7	27	イタリア	16.6	27	カナダ	39.8	26	ギリシャ	15.2
28	スペイン	15.4	28	イタリア	17.8	28	アメリカ	18.6	28	ルクセンブルク	44.2	28	イタリア	15.4
29	日本	16.0	29	スペイン	20.5	29	スペイン	18.9	29	オーストラリア	44.9	29	チリ	17.9
30	アメリカ	17.4	30	アメリカ	21.2	30	チリ	20.5	30	アメリカ	45.0	30	スペイン	18.2
31	チリ	18.0	31	チリ	23.9	31	メキシコ	21.5	31	イスラエル	47.7	31	メキシコ	21.0
32	トルコ	19.3	32	メキシコ	24.5	32	トルコ	22.9	32	チリ	49.0	32	トルコ	22.6
33	メキシコ	20.4	33	トルコ	27.5	33	イスラエル	24.3	33	日本	50.8	33	イスラエル	23.3
34	イスラエル	20.9	34	イスラエル	28.5	—	韓国	—	—	韓国	—	—	韓国	—
OECD平均		11.3	OECD平均		13.3	OECD平均		11.6	OECD平均		31.0	OECD平均		9.9

（出所）OECD (2014) Family database"Child poverty"、ハンガリー、アイルランド、日本、ニュージーランド、スイス、トルコの数値は2009年、チリの数値は2011年

3

（出所）　H26.4.17　内閣府　第1回子どもの貧困対策に関する検討会資料

いない。なぜかといえば、生活保護は貯金があればだめだとか自動車があるとだめだとか、大学にいけないとか制限があるなど厳しい運用がなされているからです。また、行政の水際作戦などの違法な運用も後を絶ちません。このために生活保護利用者は絞りこまれる。こんな状況であります。

（2）貧困拡大の要因

なぜこんなに貧困層が拡大しているのか。まず賃金がすごく下がっている。このグラフ（図表4）を見ると、棒グラフの右は一九九八年時点の年収を得ている民間労働者数ですが、バブル崩壊直後の分布では七〇〇万円前後の年収の人がかなりいました。棒グラフの左が二〇一二年の所得分布です。全体に給与が下方に移動している。年収四〇〇万円台以上はすべて減り、年収三〇〇万円台以下はすべて増加しています。通常ワーキングプアは年収二〇〇万円未満の所得の人たちのことを指します。左の棒グラフを足すとワーキングプアが一〇〇〇万人となります。二〇一二年まで連続して七年、年収二〇〇万円未満層が一〇〇〇万人を超えています。賃金

図表4

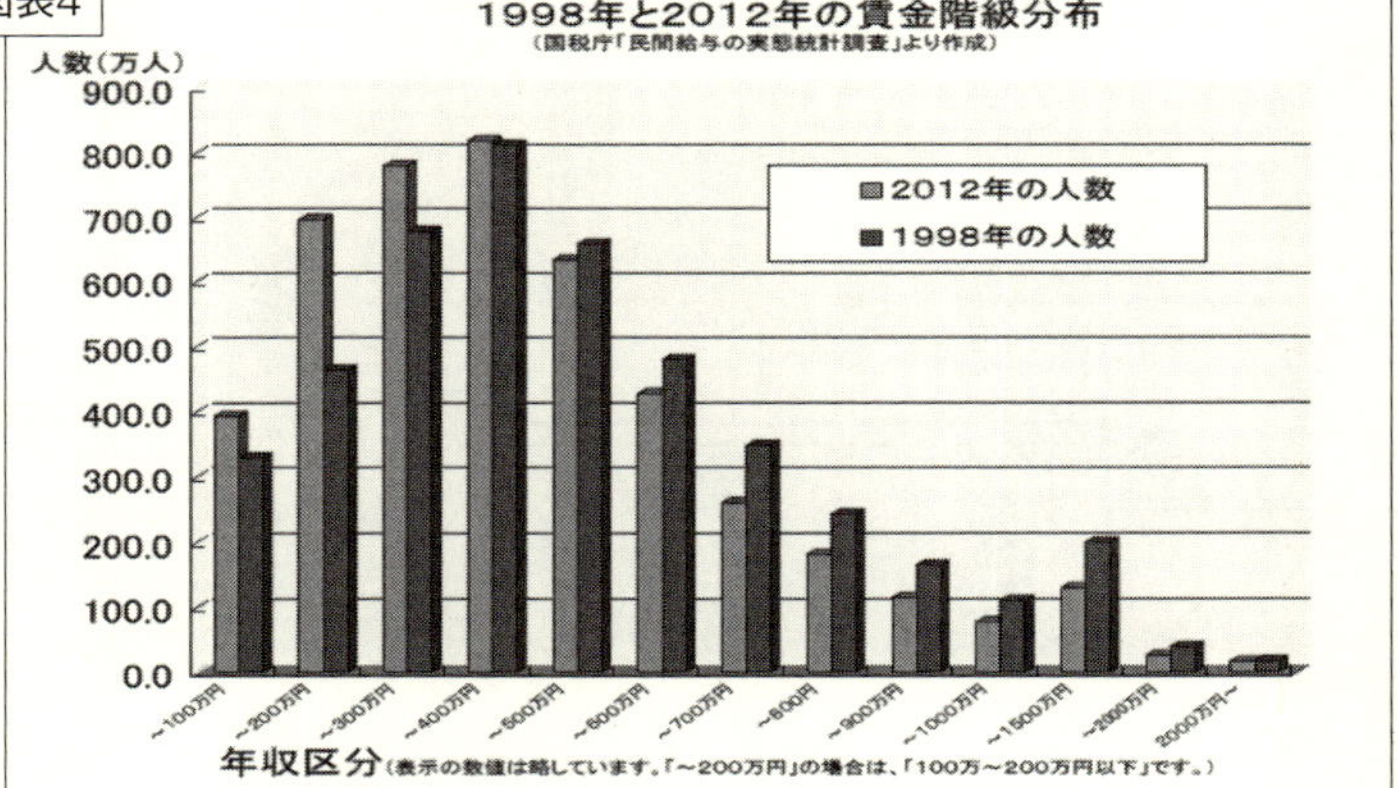

の減少が貧困を拡大していることが明らかです。

日本の貧困の大きな問題は、このような賃金の下降により貧困線が下がっている下で貧困率が上昇しているということです。一九九八年、バブル崩壊直後は日本の国民の年収は四四六万円であったのが、現在、三七七万円にまで落ち込んでいる。七〇万円くらい減っています。したがって貧困ラインも下がってきています。にもかかわらず貧困率が増大しています。すなわち全体として地盤沈下の中で貧困層が固まりとして沈殿しているのが現在の日本の状況だということです。

(3)雇用の劣化と社会保障の機能不全、生活保護の増大

貧困が拡大した場合は、本来は社会保障制度で対応することになっています。確かに理念型(図表5)としては、日本社会保障制度は三層構造になっており、まずは第1層の雇用とか労働が比較的安定していて、何とか仕事があり、仕事にありつけば生活も出来た。リストラとか、病気になったりして何らかのアクシデントがあった場合、雇用保険で食いつないで仕事を探して第一層に戻るとか、病気になって傷病手当金を一年半支給されて病気を治して仕事に戻るとか、歳をとったら年金で何とか食べていこうという、第二層の社会保険のセーフティネットで何とか受け止めて

図表5

【セーフティネットの3層構造】〈本来の姿〉

- 第1層　雇用・労働、住宅
（仕事があり、普通に働けば何とか生活できる社会）

⇩　⇧

- 第2層　社会保険・社会手当(防貧)
- 雇用保険、健康保険、年金保険、労災保険、介護保険
- 子ども手当、児童扶養手当、保育所…

⇩　⇧

- 第3層　生活保護(救貧)　最後のセーフティネット

第一層に戻るという循環でやってきて、最後、どうしようもない時は第三層の生活保護で受け止めていました。貧困に陥った時の救貧措置として生活保護があったわけです。

ところが、この三層構造が、図表6のように現在、ぼろぼろになっている。一つは雇用の問題、非正規の割合が三八%、二〇四三万人に達している。雇用労働者が五〇〇〇万人といわれているので四割近い人が不安定な雇用になっている。自営業者はシャッター街が増えて立ち行かない業者が増えている。失業給付も日本は完全失業者の二割しか支給されない。支給期間九〇日間の過半数を占めていて、すぐに支給期間が終わる。最大一年間の支給期間となっていますが、失業給付が効果を発揮していない。失業して健康保険から国保になると使用者負担がないので保険料が高くなり、滞納者が増加する。こうした制度の構造的な要因によって第三層、すなわちどうにもならない時の生活保護に、ストレートにいってしまう。こうしたことで現在、生活保護が増えていると考えられます。

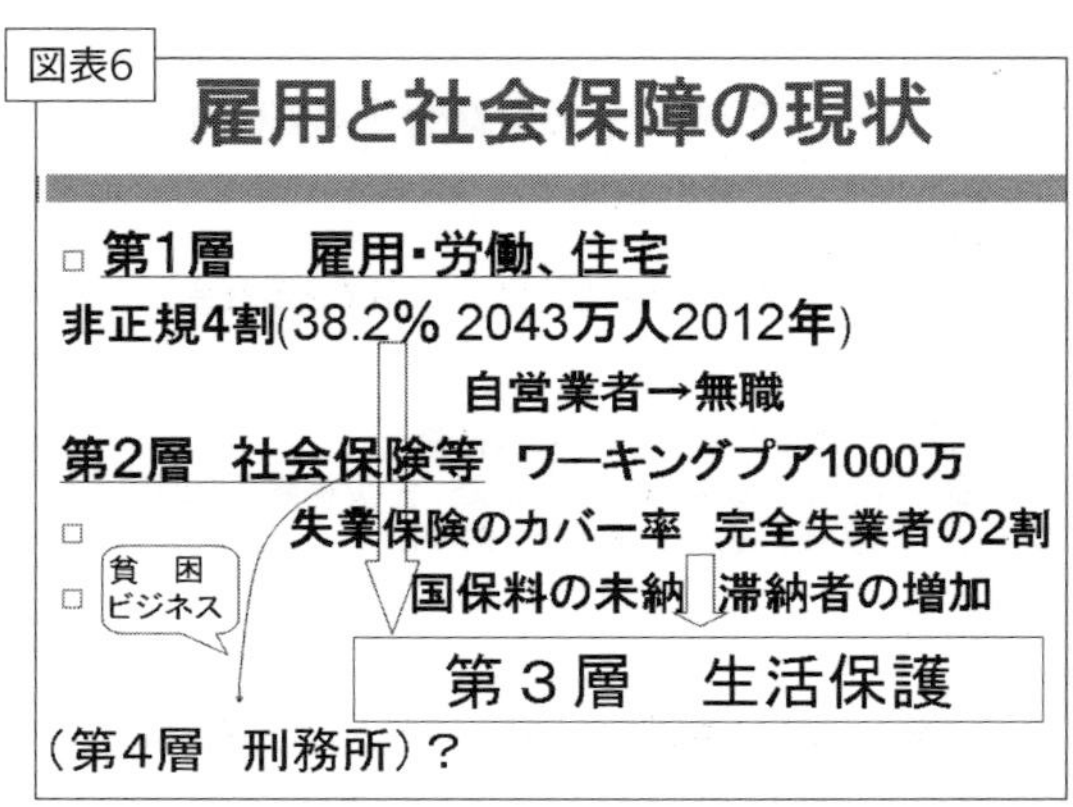

また、生活保護が受けられても、悪くすると貧困ビジネスの餌食になって生活保護という最低限のお金からピンハネされたりする。第四層として刑務所が書いてあります。これは冗談ではなく、

日本では高齢の受刑者が増えています。その理由は刑務所には寝るところと食べるところがあるからです。コンビニで二、三回万引きをして累犯になれば高齢者でも目的どおりに刑務所に入れてくれる。日本の貧しい福祉の裏返しです。

こんなわけで、生活保護の利用者は、締めつけも厳しかったんですが、バブル直後の一九九五年の八八万人が一番低く、それから右肩上がりで増えています。今は少し鈍化していますが、二〇一四年二月で二一六万人の利用者、その人口比である保護率が一・七%となっています（図表7）。生活保護の手前の社会保障制度が十分に機能しないために、生活保護で受け止めざるを得ない、そのために生活保護利用者が増えているというのが現在の状況です。賃金をはじめ所得が減少し、他のセーフティネットが機能しない中では最後のセーフティネットである生活保護が増えるのは当然だ

図表7

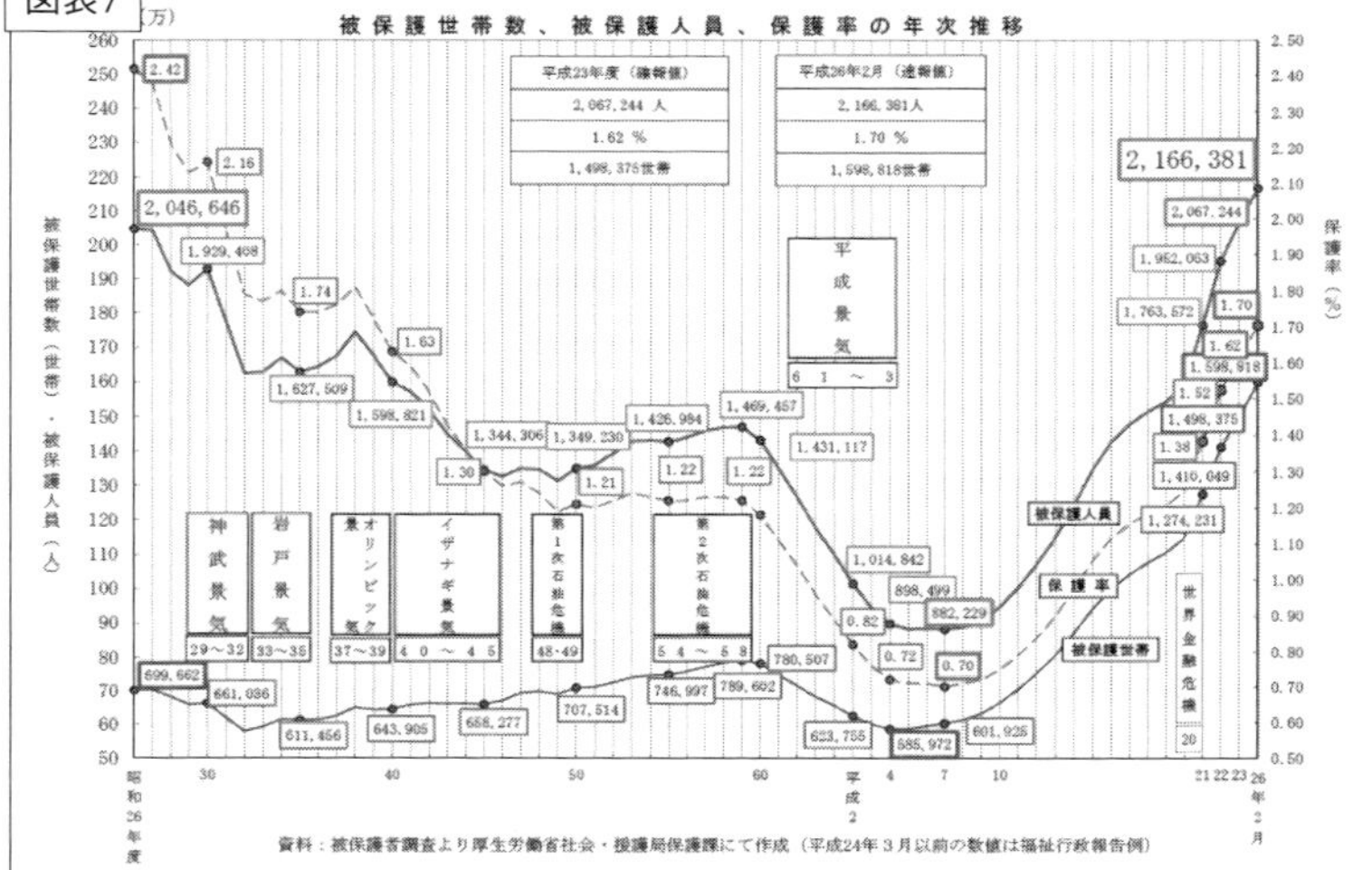

（出所）　H26.5.16　社会保障審議会第17回生活保護基準部会資料

ろうと思います。

(4)増える高齢保護世帯

　年代別推移で一番増えているのは高齢者です。生活保護世帯の四三%が高齢者世帯です(図表8)。日本では年金だけで生活できない高齢者が多い。基礎年金、旧国民年金だけしか受給できない方の平均的な年金額は五万円を切ります。そういう人たちがおよそ八〇〇万人いる。年金だけでは明らかに生活保護基準より下回ってしまいます。貯金を取り崩すか、息子さんに食べさせてもらうか、それができないと生活保護にならざるをえない。これに対して政府は手を打つことはしていません。民主党政権の頃は最低保障年金の構想がありましたが、実現しませんでした。現在は、全く手をつけようとしないどころか、年金額を二・五%引下げています。さらに問題なのは四〇、五〇代、働き盛りの方も増えていることです。子どもは貧

図表8

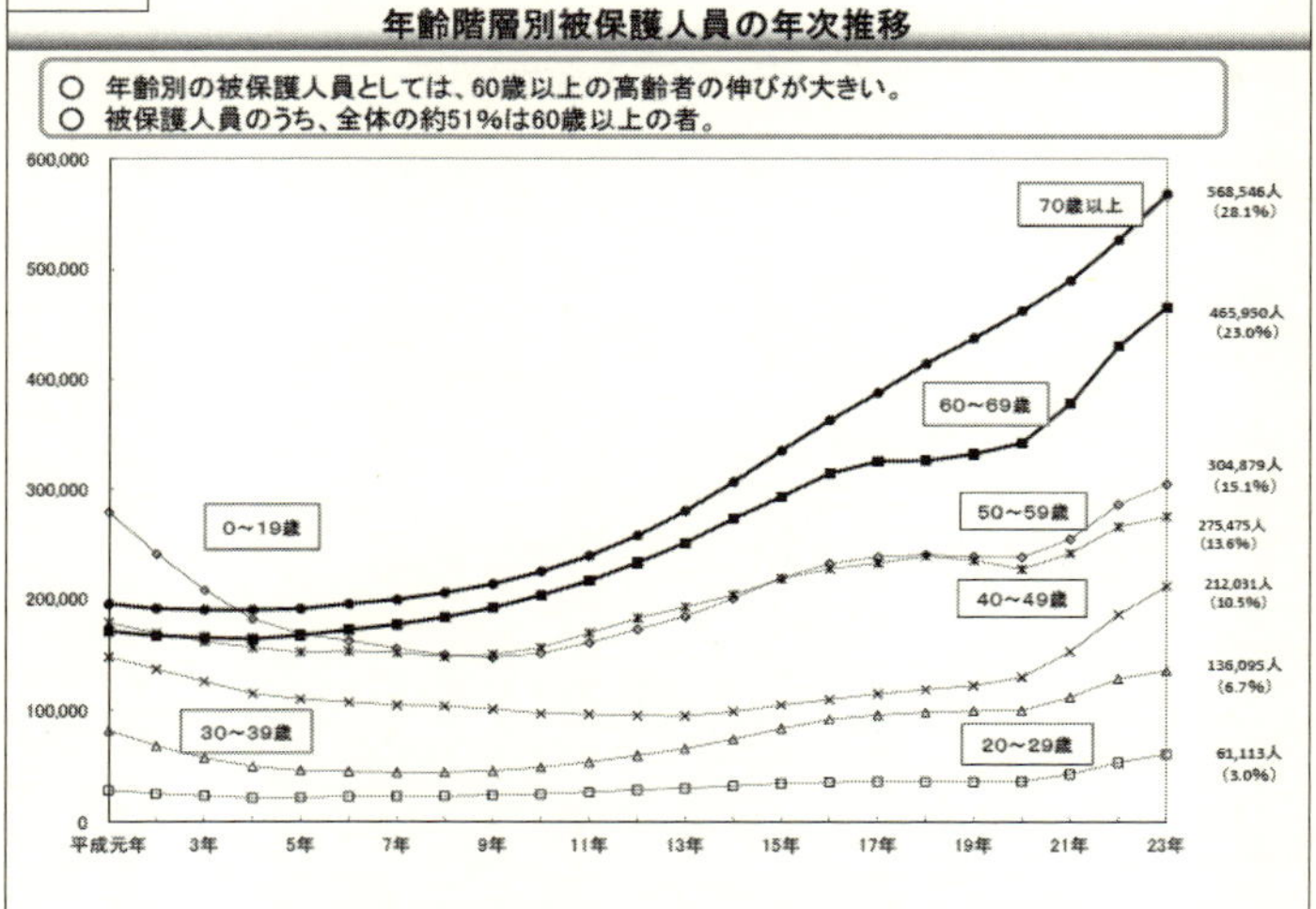

出所: 厚生労働省「全国福祉事務所長会議」資料(2014年5月20日)

困率は上がっているのに一九八三年の水準から回復していない。まだ母子家庭や子どものいる世帯が実数として一九八三年頃と比べて、そこまで回復していないということです。

（5）諸外国と比べて低い保護率と捕捉率

生活保護世帯が増えたと言っても、日本の生活保護率は諸外国と比べても格段に低い（図表9）。日本は一・五七％、スウェーデンは四・五％ドイツは人口八二〇〇万人で七〇〇万人が生活保護を利用している。働ける年齢層がほとんどです。高齢者は年金で何とか生活しています。イギリスは制度が違うのですが、九％くらいです。ハリー・ポッターの作者のＪ・Ｋ・ローリングさんは母子家庭で生活保護を受けていた。今や億万長者で多額納税者になっている。日本で小説を書きながら生活保護を受けるなんてことは、ちょっとありえない。たとえいたとしても、ケースワーカーは「あたるかどうかわからん小説を書くのは、やめて下さい。コンビニでも働いて少しでも稼いで下さい」というでしょう。日本では福祉に対する考え方が目先の金と直結した厳しい状況があるのかなと思います。

したがって生活保護の捕捉率（生活保護基準額未満の収入の人のうち、現に生活保護を利用している世帯の率）も低く、一八％

図表9　異常に低い日本の保護率(利用者/人口)

（注）アメリカはSNAP(補足的栄養扶助)

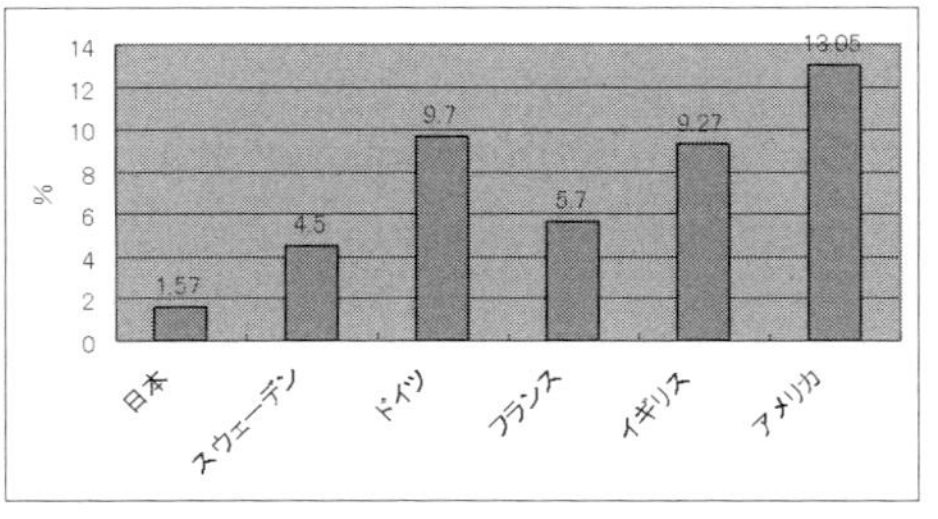

出所：尾藤廣喜、小久保哲郎、吉永純編著『生活保護「改革」ここが焦点だ』より、筆者作成

しかいかない。政府統計でも三〇%あまりしかいかない。他の国は貧困水準未満の収入以下だったら五割以上の人が生活保護を受けています（図表10）。生活保護にお金を使っていないことの一つの例ですが、日本のGDP、日本国民、法人がどれくらい一年間に価値を生み出すかですが、五〇〇兆円くらいです。そのうち生活保護で使っているのは〇・六%、三兆円です。他国は生活保護にかなり使っています。自由主義のアメリカでも一・二〇%、イギリスでも五・〇%です。

図表10 日本の捕捉率（貧困水準未満の世帯中の保護利用世帯）も低い

(注)日本・スウェーデンは当該国の公的扶助水準比、独・仏・英はEU基準比（所得中央値の60%、英は求職者）

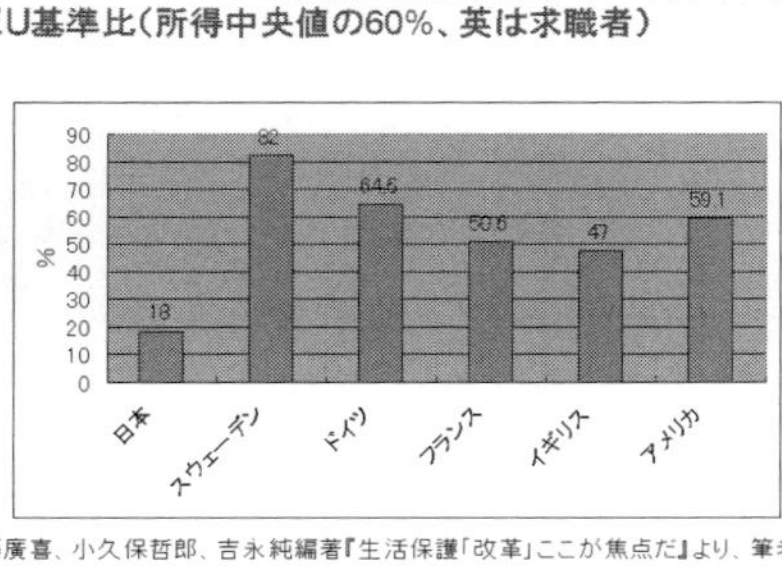

出所：尾藤廣喜、小久保哲郎、吉永純編著『生活保護「改革」ここが焦点だ』より、筆者作成

2●子どもの貧困

（1）貧困と学力、進学

貧困と児童の学力の関係を見てみたいと思います。文部科学省の学習調査では、算数の正答率では、所得二〇〇万円未満と八〇〇万円の正答率が一〇~二〇%くらい違っています。収入が低ければ家庭教師を頼んだり、塾にいかせるお金もないことが影響していると思われます。また、親の収入と高校卒業後の進路格差も明らかに違ってきます。進学率も所得が高いほど上昇します。親の年収が四〇〇万円以下ではあまり変わりはない。年収六〇〇万円になると就職率が二一%、進

学率が四三%になる。所得が上がるほど進学率が上がっていく。東大生の親は一〇〇〇万円以上の所得が多いとよくいわれます。四〇〇万円以下は就職、短期大学、専門学校になってしまう。高校進学率の差がどれくらいあるか。生活保護世帯は以前、高校進学率は七〇%くらいだった。現在かなり改善されていますが、まだ九〇%までいっていません。全国的には九八・四%、直近を比較すると八・五%の差がある、政府資料でも示されています（図表11）。

(2) 子どもの貧困の特徴――「無責性」、「成長期の貧困」、「貧困の連鎖」

子どもの貧困の特徴は、第一に「無責性」です。子どもに貧困の責任は問えないということです。子どもはその家庭を選んで生まれてきたわけではない。貧困は原則として親にも責任はないと思いますが、子どもに至ったら全く責任はない。

第二に、子どもの貧困は成長していく世代の貧困だということです。三〇～三五歳で貧困状態にあった人と一〇～一五歳で貧困状態にあった人との五年の期間は全く中身が違う。一〇～一五歳で身体が成長する。心も成長する。喧嘩した後どうやって仲直りするか。クラスの中でのもめごとをどう解決するか、

図表11　生活保護受給世帯の高等学校等進学状況

高等学校等進学率※3	保護受給世帯※1	高校進学率（全国）※2
平成22年3月	87.5%	98.0%
平成23年3月	89.5%	98.2%
平成24年3月	89.6%	98.3%
平成25年3月	89.9%	98.4%

※1　厚生労働省社会・援護局保護課調べ
平成23年分には、東日本大震災の被害が甚大であった岩手県、宮城県及び福島県を除く。

※2　学校基本調査（文部科学省）

※3　高等学校等には、高等学校（定時制・通信制を含む）、中等教育学校後期課程、高等専門学校、特別支援学校高等部を含む。専修学校、各種学校を含まない。

（出所）　H26.4.17　内閣府　第1回子どもの貧困対策に関する検討会資料

社会性を身につける。知識も獲得していく。それが一〇～一五歳の時期に貧困が原因で引きこもりになる、親が精神的な疾患で子どもが家で家事をしないといけないとか、親が心配で学校にいけない。それが五年間続くとどうなるか。長期的な不利を生みます。社会に出る時、人生が一〇〇メートル走だと一〇メートル後ろからスタートするようなものです。一〇〇メートル走で一〇メートルのハンディをリカバーをすることは、かなり難しいことです。

第三に、子どもの貧困が世代を超えて連鎖する。ある大阪府内の都市での調査によれば、現在、生活保護を受けている母子家庭のお母さんは、子どもの時、四割が生活保護を受けていたというデータもあります。

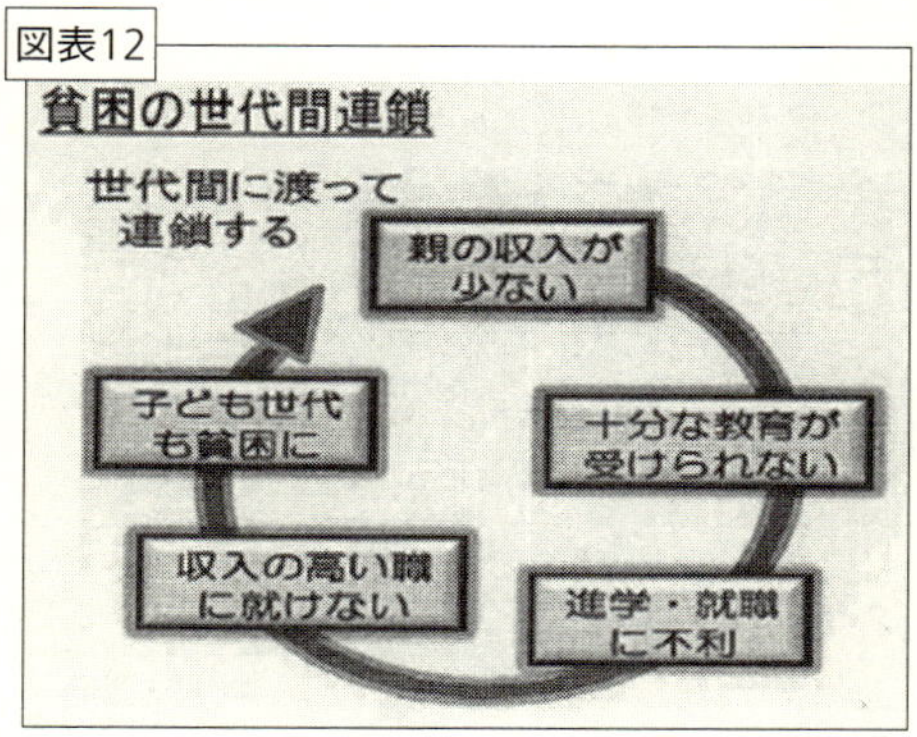

したがって、子どもの貧困の特徴は「今、そこにある危機」だと。今、手を打たねばならない、緊急性が高いということです。将来に渡って大きな禍根を残す。低学力、低学歴のまま世の中に出た場合、失業などのアクシデントに見舞われやすくなる。二年前のデータですが、二五～三四歳の失業者のうち一年以上の長期失業者が二〇年間で七倍になっています。これはどういうことを意味するか。社会保険料の負担ができない。したがって年金財政をはじめ社会保険財政に影響が出てきます。子どもの貧困や若者の貧困は時限爆弾を抱えているようなもので、

じわじわ悪化し、ある時になったら年金が受けられない。生活保護しかない。このままいけば生活保護世帯が爆発的に増える時期がくるかもしれない。

貧困の世代間連鎖に絞って考えてみると、親の収入が少ない→十分な教育を受けられない→進学・就職に不利→収入の高い職につけない。子ども世帯が貧困になる悪循環ですね（図表12）。これはどこかで断ち切らないといけない。学習支援をやっているのは、少しでも教育という面で、貧困の連鎖を断ち切るためです。

（3）子ども期、成長期の支援の経済的効果

四年前、民主党政権の時に厚生労働大臣の下にナショナルミニマム研究会をつくりました。その時に若いうちに就労支援をすることによって将来的な負担が少なくてすむという試算を行っています。結論をいいますと、就労した場合の社会保険料の納付や税金とか国に入る収入と、生活保護になった場合の支出を比べ、上下でどれほどの違いがあるかという試算です。シミュレーションしたら九〇〇〇万円～一億円の差がある。いろんな支援を若い人にしておかないと後で大変なことになる。財政的にも支援があればリターンも多いという結果です。

3●学校、福祉事務所、児童相談所等のネットワークによる支援例

では、子どもの貧困に対してはどのような具体的な支援が有効か。現場の学校、福祉事務所の支援がどのようにされているかを見たいと思います。図表13は、B君の健康チェック表です。小学校

の養護の先生が、生活保護を受けるに至ったB君の1週間のチェック表をB君につけてもらった。朝ご飯は「なし」、夜ご飯は「うどん」、「なし」、「ご飯」。おやつは、「なし」、「なし」、「なし」が続いています。身体の調子も朝、「だるい」、「だるい」。こういう状態の子どもだった。こうした状態にある子どもたちを支援しなければなりません。

この例は、虐待をしつけと考える母親に寄り添ったものです。母子家庭の子で弟妹がいるAさんに対して、お母さんが「宿題をしなかったので食事抜きにしました。保健室にはいかさないでください」と連絡帳に書いてきました。養護の先生は担任の先生と虐待だと察知して、担任とともに虐待をしつけと考える母親に接しました。聞き取りをすると、お母さんは三人の子どもを育てながら夜八時～夜中二時までの深夜

図表13

子どもたちのSOSを受け止めて

1年時Bくんの健康チェックより

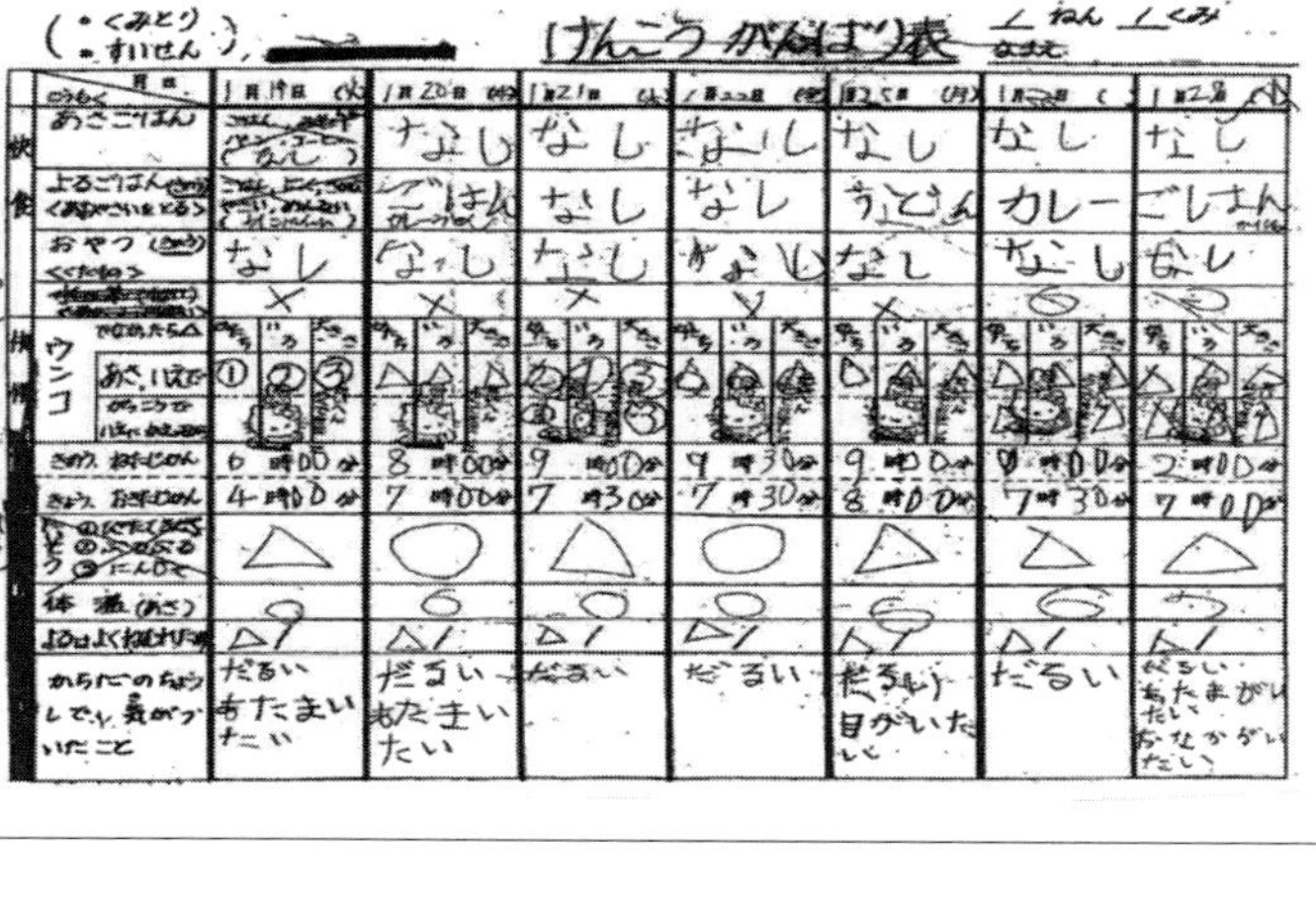

出所 「福祉のひろば」13年5月号

労働をしていた。そういう生活をしていて夜は幼い子どもたちだけの生活となる。子どものAさんは不安で眠れなかったそうです。三年生の時、「家出します」と書き置きをして幼稚園児の弟、保育園児の妹をつれて子ども三人で夜中に家出をしています。そういう辛い体験を子どもたちはしていました。

お母さんも三人の子育てと夜の仕事で精神的に追い詰められて、子どもたちに、片づけをしていないということで、食事抜きや、六時間正座の罰を与えたこともありました。翌朝、Aさんと弟B君がふらふらの状態で保健室にきています。ある時は、お腹が空いて、お金を盗んでおやつを買ったのがバレて、拳骨でほっぺたやおなかを一〇〇回くらい叩かれた。学校はすぐに子ども家庭センターに通報したんですが、お母さんは学校関係者以外の訪問を拒否した。そうした家庭状況で子どもたちも落ち着きがなく、学習意欲がなくなり、「おなかがすいた」が口癖で学校帰りにパンを毎日のように食べていた。こうした様子が健康チェック表に明らかになっています。

こういう家庭をどうやって支援するかが今、地域で求められていることです。お母さんは子どもを育てる意欲がわいてこない。眠くて身体が動かない。子どもに愛情をどう注いでいいかわからない。「私も親にも姉にも殴られて育った」と母親が涙ながらに語る。お母さんに対して、だらしないという批判は違うと思うんですね。「お母さん一人で抱えこんではあかんよ、一緒に考えていきましょう」と寄り添って話をしていかないとお母さんは心を開かないと思います。お母さんも辛い。一人で子ども三人の子育てはそれだけでも大変です。孤立が一番いけない。

子ども家庭センターなど役所の人たちは、この家庭の支援を考えるケース会議を開きました。そこで明らかになったのは、冬の寒い時に子ども三人が布団一枚にくるまって寝ていたことがわかり、職員が毛布を差し入れしていた。朝も夜もご飯を食べていないので給食をしっかり食べさせる。洋服や靴も汚れが目立つ、サイズがあわないため、他の保護者から寄付してもらう。就学援助を受けられるようになったが、虫歯が一三本もある。子どもにとって大変なことです。歯医者の調査でも貧困な家庭ほど子どもの虫歯が多い。お菓子類とかカロリーの高いものを食べているにもかかわらず歯磨きの習慣がない。生活保護を受けるようになってからお母さんも優しくなったといいます。所得は低いながらも、生活が安定したためだと思います。こういう時こそ生活保護を使って、ちょっと一息してもらうことが重要です。

生活保護にはその家庭を担当するケースワーカーが必ずいます。ケースワーカーを通じて支援者とつながって生活を建て直していく方向にいってほしい。その後この方は転校されることになったわけですが、臨床心理士や転校先の方が二〇人近く集まって支援をしたということです。こういうしんどい家庭には、孤立ではなく、関係機関が力をあわせて助けていかないといけないと思います。

4●子どものための社会保障制度

日本には子どものための生活保障・社会福祉制度が不十分ながらあります。ケースワーカーとか支援者がこれらを情報提供して使っていくことが重要です。

生活福祉資金は社会福祉協議会がやっている貸付です。その中で修学支援金が半分以上です。入学時一〇万円、大学なら月六五〇〇〇円、高校なら月三五〇〇〇円借りられます。無利子です。ただ日本学生支援機構の奨学金とは併用できません。

児童手当は中学生まで支給されます。ただし金額は一万五千円から一万円です。政権交代時に民主党が公約したように二六〇〇〇円はほしいところです。児童扶養手当は、ひとり親への手当です。これも所得制限がありますが、全額支給は子ども一人に四一七二〇円。子ども二人目はわずか五〇〇〇円プラスされるだけです。三人目は三〇〇〇円です。子ども三人いても五万円いかない。ひとり親家庭の「命綱」と言ってもいい制度ですが、改善が必要だと思います。

各自治体で違いますが、ひとり親家庭への医療費の助成制度があります。また、国民健康保険を滞納して保険証がないことが少なくとも子どもたちにはないように、高校までは保険証は出すというように四、五年前、改善されました。せめて子どもだけでも守らないといけないということです。

就学援助は大事な制度です。生活保護を受けている家庭と準要保護、生活保護の収入基準の一・〇倍〜一・三倍の所得の家庭の子どもたちの義務教育にかかる費用を保障する制度です。メニューは自治体によって違いますが、重要なことは給食費が支給されることです。京都市で毎月四二〇〇円が無料になる。虫歯の治療費など学校の検査で見つかった病気の治療費は無料になる。修学旅行費も出ます。修学旅行にいけないことは心の傷になります。学用品代も出ます。

そして、この利用者が一五六万人、一六%の貧困率と同じですが、大阪では三割近い。右肩上がりのグラフです(図表14)。三〇%だと四〇人学級で一二名の子どもたちが受けていることになります。一人か二人ではない。一二名も受けている。これは、子育て世代、すなわち三〇~四〇代の層が貧困になっていることの裏返しです。貧困の広がりが就学援助に影響している。

奨学金は役に立っていますが、日本学生支援機構の奨学金は有利子が七五%になっている。三%の利子です。機構の出しているシミュレーションでは一二万円毎月借りて入学時に五〇万円借りたとすれば、どれくらいの借金になるか。貸与総額が六二六万円。三%の利子がかかりますから、返還総額八四三万円です。大学を出る時に八四三万円の借金がある。家のローンと変わらない。返済回数二四〇回で二〇年。四二歳まで払わないといけない。結婚どころじゃないと思いますね。僕のあるゼミ生が奨学金の返済額が四〇〇万円といっていました。八〇〇万円は一二万円

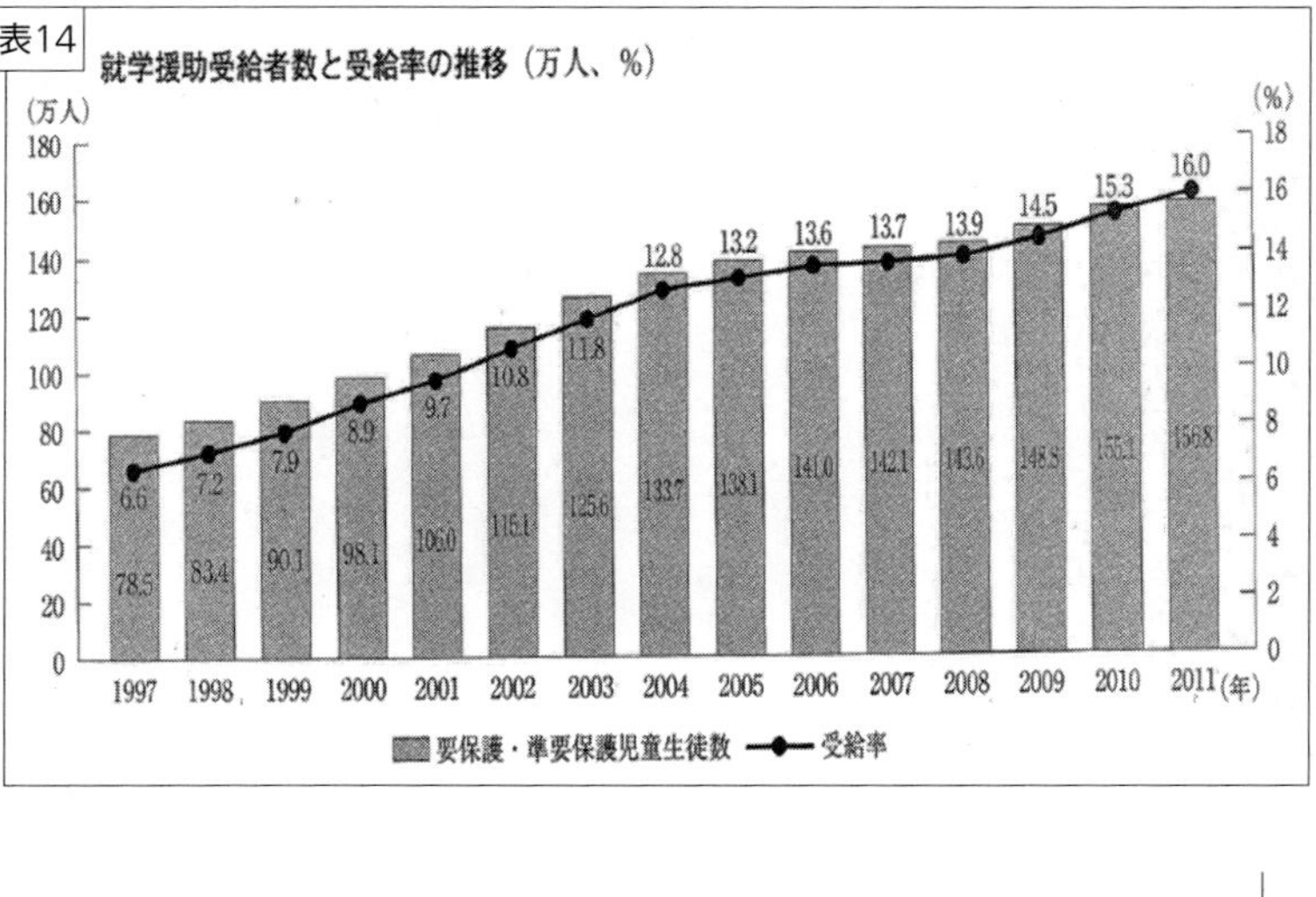

丸々借りたということですが、四〇〇、五〇〇万は珍しくないといってもよいと思います。

5●子どもの貧困対策法と生活困窮者自立支援法

子どもの貧困対策法（図表15）ができたこと自体は喜ばしいことだと思います。貧困という名称が法律になったのは日本で初めてです。それも子どもの貧困です。子どもの貧困だからこそ、自民党を含めて賛成したのかなと思います。何とかしないといけないと。貧困状況にある子どもがすこやかに育成される、子どもの貧困対策を総合的に進める。子どもの将来が、生まれ育った環境によって左右されることがないために実現するんだということです。これを理念だけに終わらせてはいけない。国の本気度が問われていると思います。どう改善するか。数値目標をはっきりさせないといけない。それを法案にきちんと書き込めという議

図表15

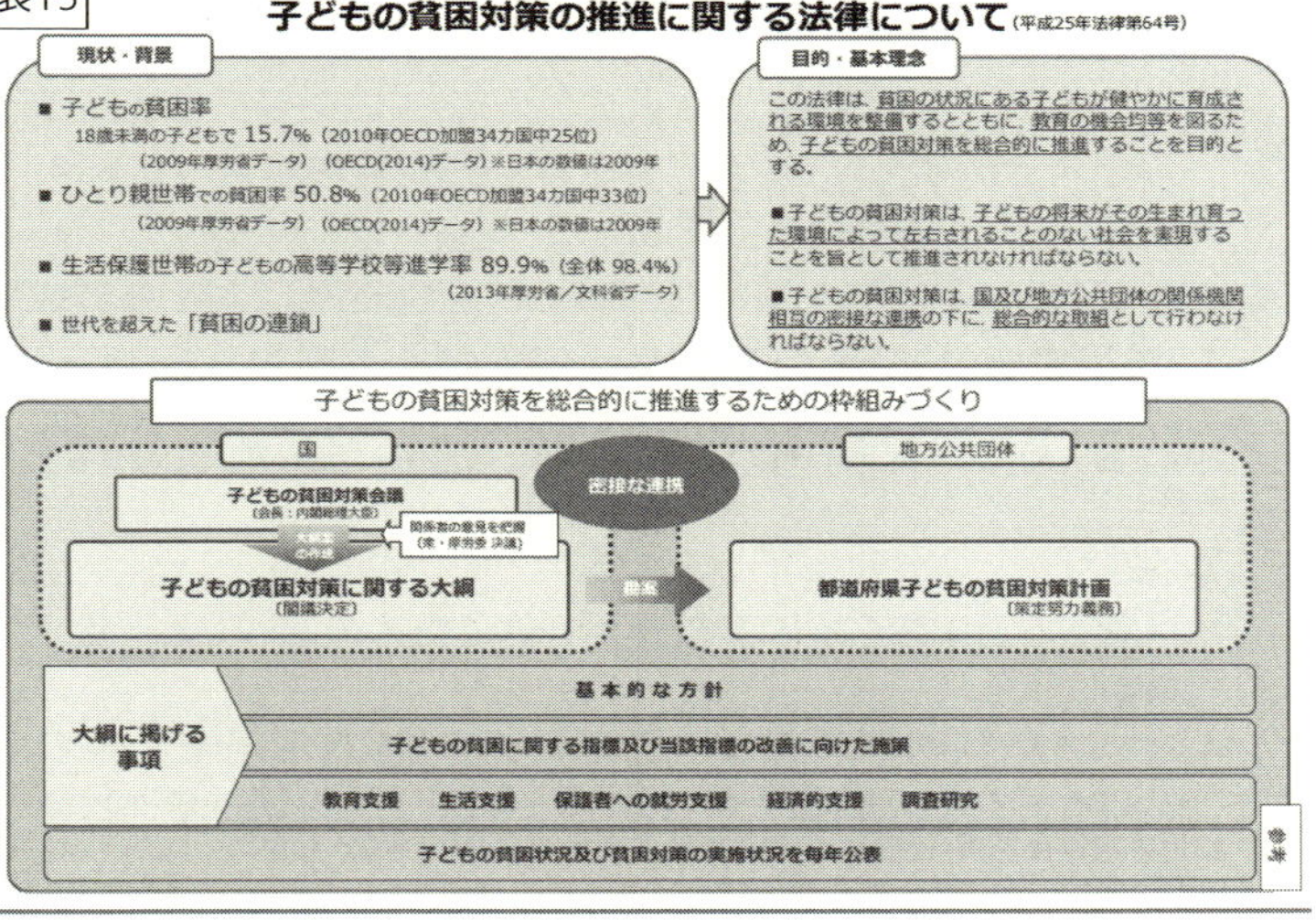

（出所）　H26.4.4　内閣府　第1回子どもの貧困対策会議資料

論もありましたが、大綱として具体化するということで先送りとなっています。

子どもの貧困率をどうやって減らしていくか。現在の一五・七%は非常に高い。イギリスのブレア政権は何年かで半分にするということで取り組んだりしていましたが、そういう数値目標を設定する必要があります。また当事者の意見を聞いてほしい。当事者ほど、よく知っている人はいない。

足なが育英会の方は、自身の体験に基づく貴重な意見をいってくださっています（図表16）。中央大学三年の高橋さんはお父さんが会社の負債を払うために自死されました。しかし、自死であったため肝心の保険金が出ず、お母さんはすごくショックで、子どもたちにとっても大変でした。そんな厳しい環境にもかかわらず中央大学までいって学生をしながら足なが育英会の活動をされている。高橋さんの家庭ではお父さんとお母さんが犠牲になって大変な努力をされたんだと思います。

図表16　**すべての子どもが安心して高校・大学・専門学校で学べるために（14.5.1高橋委員の意見）**

1. 貧困家庭の子どもの進学は、家族の誰かの犠牲でなりたっている現実　○日本の現状 (1)日本の公財政教育支出の対 GDP比の低さ、(2)極めて高い大学授業料、(3)手薄い奨学支援制度、(4)家計に丸投げされる教育費負担

2. 地域間教育機会格差と住居費

3. バイトなどに頼らずに高校生活を送るための高校「奨学給付金」増額を

4. 大学・短大・専門学校への進学の機会を広げる奨学金制度

○日本学生支援機構の奨学金をすべて無利子奨学金に！○さらなる大学・専門学校授業料減免制度の充実　○すべて奨学金の返還を「出世払い」型に！

5. 児童扶養手当・遺族基礎年金などの支給期間の延長と児童扶養手当の多子加算

日本では、学費が家計に丸投げされている。奨学金もそうですが、小学校、中学の義務教育でもかなりお金がかかる。地域間格差もあり住居費も高い。中央大学になぜいけたか、足なが育英会の寮があるからだと。普通なら東京では六、七万円の家賃は普通ですから。奨学金制度も無利子にしてくれと言われています。児童扶養手当の多子加算についても増額を要望されている。政府は真摯に受け止めてくれなければと思います。

政府は、このような切実な要求をしっかり受け止め、「何を、いつまで、どのように」やるかをはっきりさせないといけない。問題は国は策定義務がありますが、都道府県は努力義務です。京都府につくらないといけない義務はない。しかしぜひつくってほしいと思っています。

生活困窮者自律支援法が二〇一五年四月から施行されます。生活保護に至る前の段階で生活保護にならないように、という生活困窮者を助ける法律ですが、貧困の連鎖を絶たないといけないということで、学習支援もメニューに入っています。ただし補助率が二分の一に下がる。現在、花園大学の学生たちがやっている事業は一〇割が国の補助です。それが半分に減る。京都市の姿勢次第で変わってくる可能性がある。全額国庫補助にしてくれと関東では知事たちが要望していますが、財源確保をしっかりやってほしいと思います。

6●学習支援について——花園大学ボランティア「中三学習会」の取組み

学習支援については、山科醍醐子どもひろばなどが先進的にやっておられていたのですが、二〇一三年夏に京都ユースサービス協会からの話があり、秋に学生に呼びかけたら、一二、一三名の花大生が集まってくれました。現在、週一回やっています。会場は右京区の山ノ内学区の福祉会館を借りています。山ノ内の社会福祉協議会は右京区の小学校区では一番熱心に活動されておられます。結構広い会館をお持ちで、会場を開けるのと締めるのは役員さんにきていただいて協力いただいています。学生ボランティアメンバーのうち今日は二人にきてもらっています。学習支援をやってどんな気持ちか、どんないいことがあった、どんなところが足りないかなど話してもらいます。

【伊藤】花園大学社会福祉学部社会福祉学科四回生です。この学習支援をやって感じたことは、最初は中学生相手が初めてなので緊張しましたが、一緒に勉強して問題が解ける喜びを感じることができてよかったと思っています。しかし、信頼関係を築くことはすぐには難しいなと思っていて、話もどこまで踏み込めばいいのか。お金の話になると引いた方がいいのかなど試行錯誤しながらやっています。

【永坂】社会福祉学部臨床心理学科二回生です。昨年から始まり、ことし四月からリーダーとして皆を引っ張って頑張っています。中学生はすごく元気なんですね。勉強を教えていても「わかんない、学校の先生の方が教え方が下手」とか率直にいう子どもたちですが、居場所づくりの一つとしては、いろんな話を中学生とできてうれしく思っています。

私の地元は愛知県ですが、こういう活動がなくて、この大学にきて授業を受けている時に学習会の募集を見て参加しました。当時、三回生ばかりで、私一人が一回生でしたが、先輩も優しくしてくれてよかったです。勉強も受験真っ只中で始まっていました。気がついたら慣れるまもなく受験勉強になっていました。教えるときは、一人で勉強を教えることに悩むのではなく、先輩と支えあって「これ、どうだっけ?」と話しあいをして学習支援をしているので毎日楽しいです。そんな感じでやっていて、未熟なところ、課題もたくさんありますが、毎週木曜日、充実した毎日かなと思います。

【吉永】花園大学は文系なので、皆、数学が苦手なんですね。二次関数とか出てきてけっこう難しい単元もあり、実は学生の方が予習してきて何とか教えてます。子どもたちは元気で暗い感じはありません。心の中にはいろいろあると思いますが。福祉事務所と連携してやっています。生活保護家庭の場合、残念ながら大学に行くことが認められていません。大学に行くには、自らの保護は打ち切ってからでないと進学できない。そのため、きょうだいに大学生がいないことが多い。生活保護家庭の子どもたちにとって、大学生と直接、一対一で話をするのは、自分の将来モデルとして刺激にもなります。「大学生はあんな人なんや、何を考えて勉強しているのか、子どもたちが肌で感じて、俺も頑張って高校を出て大学にいこうかな」と感じてくれたらいいと思います。将来を信じる力になるかなと思います。

学生にとっても、いろんな家庭環境の子どもたちのことが、じわじわとわかってきます。印象的な言葉があります。ある中学生が、ある大学生に「あんた、結婚するの?」と聞いたそうです。聞かれた学生は「いい人がいたら結婚するやろな」と答えたら、中学生は「結婚なんかやめとき、どうせ別れるから」という返事をしたといいます。学習支援に来ている家庭はほとんど母子家庭なんですね。結婚に対してマイナスイメージをもっている、子どもなりに苦労している。そういう言葉がポロッと出てきてギクッとするんです。そういう言葉もケースバイケースで受け止めて、明るい雰囲気の中でやっています。

7●子どもの貧困を解決するには

子どもの貧困の解決策について、最後に私なりの考えを申し上げますと、一つには親の貧困を解決しないと、どこまでいっても解決しない問題だと思います。親がしっかり働けば、それなりの賃金があって、家庭をもって普通の生活ができるようにしていかないといけない。二つ目はいろんな制度をしっかり使うことの重要性です。情報提供されていない人が多い。孤立はいけない。三つ目は学校関係者、福祉関係者、地域の人たちの相互乗り入れによる支援です。学習支援活動も学校とまだ連携していません。まだまだ学校の先生にはあまり知らされていない事業です。もったいないと思っています。子どもを学校と連携して支えないと片肺飛行になります。そして子どもたちに寄り添う支援、子どもたちの勉強に関する悩みやいろんな話をしっかり受け止めて最大限支援を行っていくことが大切だと思っています。私の話はこれで一区切りとさせていただきます。どうもご静聴ありがとうございました。

注　本講演後の二〇一四年七月一五日に厚労省が発表した二〇一三年の国民生活基礎調査（二〇一二年の所得）では、相対的貧困率は厚労省が貧困率を算出し始めた一九八五年以来最悪の一六・一％（国民六・二人の一人）に達した。当時の人口換算では二〇五三万人に相当する。子どもの貧困率は、全体の貧困率よりも悪化幅が大きく、前回（二〇〇九年）に比して〇・六％増の一六・三％に達した。同じくひとり親の貧困率も前回五〇・八％から五四・六％に悪化した。ひとり親世帯では、依然として半分以上が貧困状態にある。

（花園大学人権教育研究会第87回例会・二〇一四年五月二十一日）

高齢者福祉制度と人権

——認知症高齢者の視点から

春名　苗

今日は「高齢者福祉と人権～認知症高齢者の視点から」ということでお話をさせていただきます。大きく四つに分けてお話をします。一つ目は「認知症の症状とケア」。実際に介護をしている方、専門職の方はご存じであると思いますが、基本的なところを押さえておきたい。二つ目は「認知症高齢者の歴史」。認知症高齢者が今までどのような処遇、対応を受けてきたか。三つ目に「認知症高齢者の人権が守られているか」。四つ目に、「認知症高齢者の人権を守るために」です。

1●認知症の症状とケア

1）認知症高齢者の増加

まず、認知症は人ごとではないということです。新聞などを見てご存じの方もいると思いますが、二〇一二年度厚生労働省の資料で六五歳以上の認知症の人は四六二万人といわれます。この数は六五歳以上の人の七人に一人です。六五歳以上の方が七人いると一人は認知症であるということです。実際には年代によって違うんですね。六五歳では五〇人に一人くらいが認知症になり、割合は少ないんですが、七〇、七五、八〇、八五歳と年齢が上がるとどんどん増えていく。八五歳では約四割の方が認知症だといわれています。女性は割合がどんどん上がってくる。九〇歳になると六割が認知症になって、九五歳になると八割くらい。男性はいくら歳をとっても五割くらいから増えていかないと言われています。

そして、認知症になる可能性がある人、軽度認知障害も四〇〇万人いる。軽度認知障害は記憶力の低下はあるが、日常生活には支障がない。認知症というと記憶障害があって日常生活に支障がある。だけど記憶力の低下はあるが、日常生活に支障がない人は要注意ということで軽度認知障害といわれています。軽度認知障害の方は毎年五％～一〇％、発症していく。軽度認知障害になると必ず認知症になるかというと、そうではないのですね。あるデータによると軽度認知障害と認定されたが、何年後かには四割の人が正常値に回復していたといわれますので全員が認知症になるわけではない。要注意ということです。

四六二万人が認知症になる可能性のある人、軽度認知障害の四〇〇万人をあわせると八六二万人です。六五歳以上の人は全国で三〇七九万人いますので、そのうちの二八%、四人に一人が認知症か認知症予備軍になっている。自分、身近な人、隣近所となると誰かあてはまる可能性が大きいということです。

2）認知症と種類

次に、認知症とは何かを整理しておきます。認知症とは脳が病的に障害されて起こる物忘れのことです。例えば、時々、私も教室を出て何かしようと思うんだけど、そこにいくと何しにきたのかなということがあって、その度に、ああ、どうしようと落ち込んでいますが、これは認知症とは関係はないんですね。度忘れとか老化による生理的な物忘れというものです。医学的には問題はない。

では、認知症と、医学的に問題がないといわれる老化による物忘れはどうやって見分けるか。ヒントがあれば思い出せるのが老化による物忘れ、ヒントがあっても思い出せないのが認知症の疑いがある。例えば、三日前に娘さんといっしょに買い物にいって洋服を買いました。認知症であれば洋服をみても思いだせない。「三日前にいったよね」といっても思い出せない。老化による物忘れは買い物にいったことは忘れているが、「三日前に買い物にいってこの洋服買ったよね」と洋服を見せると「そうだった」と思い出す。

「昨日の夕食何を食べましたか?」と聞かれると、何を食べたかを思い出せないということはよくあります。それは別に問題はない。ただ、夕食を食べたこと自体を忘れてしまうとちょっと認知症の疑いがある。

あと物忘れを自覚しているかどうかも見分けるポイントになります。自覚している場合は老化による物忘れ。認知症の場合は、体験がスポッと抜けちゃう、全部忘れているから自覚がないんですね。部分、部分を忘れていると「私、忘れている」という自覚になるんですが、スポッと忘れると自覚も出にくい。病院にいって認知症だと診断された人の中に本人が自分はヤバイかもといって病院にいって認知症と診断された確率は二%くらいというデータがあります。もちろんデータによっていろいろですが、自分が認知症だということは気づきにくくて、まわりの人が「あれ、おかしいな」という状態になって病院にいくことが多い。まわりの人が「おかしいな」と思って本人に「病院にいきましょうよ」といっても、実は本人は全然自覚がないので「なんで私がいかなくちゃいけないの?」と反対されることが非常に多いということになります。

認知症とは? いろんな種類があります。認知症に認定されるのは七〇種類くらいあるといわれています。統計資料ごとに%が違うんですが、二〇一二年厚生労働書の研究班の資料では、アルツハイマー型が六八%、脳血管性の認知症が一九%。レビー小体、幻視、見えてないものが見えるという認知症が四%。前頭側頭型が一%で、これは前頭葉の部分が害されて社会的なルール、共感性がなくなっていくという認知症で、その場合、周囲とのトラブルもかなり出てくるというものです。今日はメインのアルツハイマー型と脳血管性をとり上げたいと思います。

まず、アルツハイマー型の進行状況についてです。アルツハイマー型は徐々になだらかに脳の全体が萎縮していく認知症です。進行の仕方は人それぞれです。次に、脳血管性の認知症の進行状況です。脳血管性認知症は脳の血管が詰まったり、破裂したりすることで起こる。以前、うちの父親も軽い脳梗塞になって、その時は右半身がしびれてきたといいます。右半身は左の脳が司っていて、左半身は右の脳が司っていますので、うちの父親の場合は左の脳のある部分に血液が流れにくくなったんですね。右半身がしびれたので病院にいって事なきをえたんですが、もっとひどくて詰まってしまうと先に血がいかなくなる。そこから先の細胞が死んでしまう。細胞が阻害されることになる。詰まって脳卒中で破裂するとかの場合も、血が十分にいかないのでどこか障害されるようになり、そこからの機能がなくなることになります。

アルツハイマー型が徐々に全体が萎縮していくことに対して、脳血管性は血管が詰まって、その先の脳の細胞が死んでしまってガクンと機能が落ちる。血液の問題もあるので繰り返し起こることが多い。脳血管性の場合は無意識に起こっている場合もあり、段階的に進むことが多いといわれています。脳血管性の場合、どこが障害されたかによっても違うんですが、記憶障害というよりは、何かものができなくなる。電子レンジが使えなくなるとか、服を反対に着るとか、感情が変化するとかの方が出てくると言われています。一日のうちで泣いたり、怒ったりする感情の変化が起きるという傾向もあると言われています。

3)記憶のメカニズム

次に、記憶のメカニズムについてです。記憶とは何か。頭の中を単純化して記憶を考えてみた時、海馬が脳の中にありまして、記憶を司っている。日々いろんな情報が飛び交っている。健康な人は、この情報は必要だなと思うと覚えておかないといけないと思い、海馬が情報をキャッチして記憶の中にとどめておくことができる。

それがだんだんと高齢になってくると老化によって海馬、つまり情報をキャッチして記憶にとどめるところが痩せてきます。そうすると、必要な情報だと思ってもキャッチできる力が弱くなるので記憶にとどめておくことが出来ない場合がある。ただ、何回も繰り返し聞いていると、これは必要だなと記憶にとどめていくことができるわけですね。健康な高齢者の場合、最近、記憶が鈍くなったなというのであれば、海馬が衰えているかもしれない。

アルツハイマー型の場合どうなるか。海馬が異様に痩せてくる。情報が飛んでくるが、キャッチできない、記憶にとどめておくことが出来ないわけです。情報がキャッチできないことは何回聞いても初めて聞いたのと同じになる。記憶にとどめておくことができない。キャッチできないだけではなく、認知症が進んでいくとどうなるか。記憶を蓄積していた壺のような入れものまでだんだんと小さくなっていく。浅くなってしまう。そうすると今まであった記憶までこぼれていってしまいます。

記憶の壺のようなものを考えてみると、記憶は小さい頃から壺にたまっていっています。日々、積み重なっていくのですね。それが記憶の壺が浅くなると上からこぼれていく。だから最近のことから忘れていく。認知症高齢者の人は最近のことを忘れていくといわれますが、このメカニズムによるということです。自分の配偶者のことは忘れてしまうが、お姉さんのことは覚えているとか。

配偶者の印象が薄いわけではなく、配偶者の記憶はお姉さんの記憶より後になる。お姉さんの記憶はこぼれないが、配偶者の記憶はこぼれて「あんた誰？」ということになる。最近のことから物忘れをしていくのが認知症になるということです。

最近のことは覚えてないが、昔のことは覚えている。これは記憶のメカニズムによるということですね。認知症が進んでいくと新しい記憶からなくなっていく。ただ記憶は忘れているが、感情は残っている。人の感情を読み取る能力も残っている。重度の認知症の方で家族の名前もわからない方に写真を見せて「この人は笑っているのか、怒っているのか？」と聞くと、かなりの確率でわかります。この人は笑っている、怒っているなど、表情を読み取ることはできる。自分の感情もきちんと残っていますので、かなり感情的には研ぎ澄まされる。しかしものごとは忘れてしまう。

学生が実習にいって高齢者の人と楽しくお話をしたんだけど、次の週にいくと「あなた誰でしたっけ？」といわれました。私は印象が薄いのでしょうか？」ということがあります。認知症高齢者は、実際あった出来事は忘れちゃうんですが、楽しく過ごした感情、記憶は積み重なって、その人が安定したり、症状がよくなったりするところに寄与しているということです。

4）認知症の症状

認知症の症状についてみていきます。中核症状と周辺症状。認知症になると必ず出現するのが中核症状で、認知症に伴って二次的に生じるものが周辺症状です。中核症状には、記憶障害、判断力の低下、見当識障害、実行機能障害があります。見当識障害は、時間と場所と人の見当をつけることができなくなる。「今はいつ?」という時間、場所は「ここはどこ?」、人に関して「目の前のあなたは誰?」。その見当がつかなくなる。

実行機能障害とは、いろいろなことを実行できなくなる。料理で味噌汁をつくる。だしをとって具材を調理する、味噌を溶いて、と順番にいくわけですが、どうすればいいのか段取りがわからなくなる。あと、ビデオの録画をするとかもそうですね。段取りがわからない。

周辺症状は中核症状に伴い、出たり、出なかったりする。徘徊、妄想、幻覚、収集癖、食行動障害などがあります。例えば、徘徊でも、中核症状である見当識障害がおこり、「今はいつ?」「ここはどこ?」「あなたはだれ?」と見当がつけられないと誰でも不安になりますよね。自分の居場所はどこかを探しまわる。人からは徘徊と思われるかもしれないですが、本人にとっては動きまわって自分の居場所を探しているだけということもありうる。

妄想は、実際に思ってないとか、あることではないことが実際のことだと思う。ものとられ妄想などが多いですね。自分がサイフを置き忘れるが、サイフがないので、誰かにとられたに違いないとたいてい近くの人が疑われる。幻覚は目にみえるはずのないものが見える。収集癖、何かに固執してこだわりのあるものを集めてしまう。家の押し入れを空けると空き缶がバッと降ってきたりする。食行動障害であると過食とか拒食、異食、食べてはいけないものを食べる。

また、周辺症状は、孤独であったり、不安であったり、不適切な住環境とか不適切なコミュニケーションとか認知症状の進行とか、身体的不調とか、薬が合ってないとか、そういうことでもひどくなってしまうのですね。例えば、不適切な住環境。ずっと住んでいた家から、娘さんの家に引っ越しをした場合、「ここはどこか?」と不安感がひどくなる。身体的不調は排便がうまくいかず、便秘になるとかで、より周辺症状がひどくなる。排便コントロールも認知症の周辺症状を押さえるのに有効だといわれています。あと、薬が合っていないとかもそうです。薬の副作用が強いとかうまくいかないケースもあります。それからたとえ、薬が合っていても、効く環境でないと効かないこともある。普通におなかを壊している時にお酒をいっぱい飲んでいると薬は効かない。認知症の人が不安な状況、孤独な状況なのに薬だけ与えていても薬はじっくりと効かないと聞いたことがあります。薬が効く状況に本人をいさせてあげることも必要になってくるといわれています。

5) 認知症高齢者のケア

認知症高齢者のケアの悪循環とは、高齢者本人のミスを注意することなんですね。実際には介護者の方がよかれと思ってやっていること。今、言い聞かせているとよくなってくれる、症状を食い止められるのではないかと期待をこめて「お母さん、またこれをやってる。次は忘れないでね」と、つい一生懸命注意するわけですね。一見、高齢者のためを思っていっているけど、高齢者の人に注意の内容は伝わっていない。判断力が低下しているので「これはこうしないといけない」といっても、何をいわれているかを理解できていない。理解できてないが、感情を読み取る能力は長けている。「自分は何か怒られているな」とわかる。しかしなんで怒られているのかわからない。だんだんと不安になっていく。そうなるとより周辺症状がひどくなる。介護者がよけいにいらだってしまう。そういうよくない循環ができてしまう。

では、いい循環をつくるにはどうすればいいか。高齢者のできることを見つけて褒める。笑顔で接する。なんだ、こんなことなのかと思われるかもしれませんが、このことが大事だったりする。認知症の高齢者はだんだんできなくなってくる。本人も自信をなくしているわけですから「私はだめなんだ」と思う。だからできることを見つけて褒める。できることがあまりないので褒めることが難しいという人もいるかもしれませんが、できるようにしてあげることも一つです。「お風呂から出たら着替えてね」と言っても忘れちゃう。では、お風呂に入っている時に介護者が汚れたものと新しいものを替えておく。電気を消すとか忘れるけど、初期の認知症の方は字が読めるので張り紙で「電気は消してね」と書いておくと、それを見てやることも多い。

段取り一つで、声かけ一つで変わる場合もある。入浴でシャワーをそのまま渡しても何もいわれないと、高齢者はどうしていいかわからない。「頭から洗ってね」と渡すと、できる場合もある。声かけ一つで具体化してできることが増えてきますし、「これができるな」と思うと「自分はまだできる」と自信が出来て安定していく。できることを見つけて褒める。笑顔で接することが重要になります。

認知症の方でも書道の講師をされているとか、初期の認知症であると小学生の勉強を教えたりもできたりします。できることをお願いして褒める。表情を読み取る能力があるので笑顔で接すると「受入れられている」と気持ちが安定してくる。周辺症状も落ち着いてくる。感情を認知する能力が残っているので、そこを不安にさせないことが認知症のケアとしては大きい。

ただ介護者にすると、わかっていても周辺症状があるし、介護疲れがでてくると対応できないこともある。「やってあげたいが、できない」と苦しんでいる人は多数いらっしゃいます。介護者も「きちんとできない」と自分を責めたり、「でもしょうがないよね」と自分のことを許したりすることを繰り返す。そういうしんどいこともあるので、介護者の方も悩みが深い。サービスを受けながらゆっくり介護していくことが必要かと思います。

2●認知症高齢者の歴史

1)一九七〇年代

認知症高齢者の歴史。認知症高齢者の人は今でこそ、こういう状況ですが、四〇年くらい前は差別され、家の恥だといわれていました。座敷牢といって認知症高齢者の方を隠していた時代です。一九七二年、有吉佐和子さんの『恍惚の人』がベストセラーになって認知症高齢者のことが認知され出すことになります。一九七三年、『ルポ精神病棟』(現在、朝日文庫)。当時の精神病院にアルコール中毒の方とか、その中に認知症高齢者の方も入院していましたが、対応のひどさが明らかになりました。『ルポ精神病棟』は大熊一夫さんが自分がアル中のふりをしてもぐり込んでルポをしたものです。

改めて見回すと鳥肌のたつような部屋だ。広さ約3畳、四方はコンクリート・ブロックと鉄の扉。床はコンクリート。(中略)反対側は鉄格子がはまった天窓。そのガラスが四分の一ほど破れていて段ボールが当ててある。そこから、北風が、もろに吹き込んでくる。（中略）この部屋の左奥のすみに便所がある。白い陶器もなにもない。縦五〇センチ、横三〇センチ、深さ三〇センチほどの単純な長方形の穴がコンクリートの床にあいている。だれかに廊下の栓を踏んでもらうと、底を水が流れる。一応、水洗式だが、全体を洗う仕組みになっていないから、耐えがたい猛臭を発散させている。よくみると、土管から臭気が吹き上げてくるようでもある。

看護者詰め所の隣に、保護室とも違う檻のような部屋が三つあった。朝食後、どさくさに紛れて観察してみた。

そこは部屋と廊下が鉄の柵で区切られ仕切られていた。一部屋八畳間に畳が六枚。それに、例の便所。ここでは長方形でなく楕円形だった。そこに六人の生ける屍があった。仰向けに寝て、ジッと天井の一点を見つめながら、パンをもぐもぐ食べる。不自由な手で箸をとり、味噌汁を飲むのだが、具のタマネギがうまく口にはいらず、鼻の下にひっかかった。それを、必死で口へ入れようともがく。幼児のこんなかっこうは可愛らしくもあるが、老人のそれは鬼気せまる。別の一人は、水洗便所の水をアルミのコップですくって飲んだ。便意を催したか、もう一人がその穴の上にしゃがんだ。それも、着物のすそをパッとまくる、というわけにいかない。床に引きずって――。もう喜怒哀楽など、すっかりすり切れてしまったのだろうか。どの老人の顔にも、なんの表情もない。

食事が終わって、一人がアルマイトのおわんを重ねて持とうとしたが、手つきがあぶなっかしい。と思ったらカチャーンとぶちまけ、そのひとつは、冊の外にまでころがり出てきた。それを拾おうとして、廊下へはって出てくる。大部屋の若い患者が飛んでくる。

〝ほれーっ、ちゃんと入ってろ。この野郎〟

そして部屋に追い込むと、バターンと格子をしめて、太い角材の閂をかけた。

ここの便所は、冊から手を出して、自分で水栓を押せるようになっている。先ほど一人が用をたしたその便所で、別のじいさんが顔を洗い出した。私は、いま食べたものを吐きそうになった。

驚いたことにこの部屋の入り口に〝不潔部屋〟と書いた木の札が掲げられている。落書きではない。病院側の手でかけられた、レッキとした表示である。

2〕一九八〇年代

一九八二年、三郷中央病院事件がおこります。これは当時の老人病院の氷山の一角だといわれていますが、歩ける認知症の人には向精神薬が処方されてベッドでの生活を強いられていた。自分で食事を食べられない人は一日、点滴を受けていたとか、手足をベッドに縛ることが行われていたことが摘発されたのですね。

そして一九八四年、きのこエスポアール病院。当時、画期的だといわれたのが回廊式廊下です。廊下をずっと歩いていくと最終的には元の場所に戻ってくる。円というか、回廊式でずっといくと廊下がつながっているのでくるくると回って歩いても迷子になることもない。何を意図していたか。

高齢者の人を縛らないようにしよう。好きなだけ歩いてもらったらいいじゃないか。その取り組みで回廊式廊下ができました。一九八八年、老人性痴呆専門治療病棟が制度化され、国が回廊式廊下はいいからと義務づけたわけですね。ただ後日、きのこエスポアール病院も回廊式廊下はあまりよくないということでやめてしまいますし、今ではそういうことはなくなりました。

回廊式廊下はなぜよくないのか。縛らずに歩いてもらう、別にいいんじゃないかと思う方もいるでしょう。なぜよくないかを考えてみますと、廊下だけしか歩きまわれないことは、範囲は広いけれど、結局は行動を制限しているわけですね。それから、なぜ徘徊するのかという根本の背景を考えていないことがあります。徘徊の背景には、例えば見当識障害があって、目の前の人は誰か、ここはどこか、今、いつかということがわからなくなると自分の居場所を求めて探して歩きまわる人もいるかもしれない。または薬が合わなくなって不安定になり徘徊しているかもしれない。一人ひとり徘徊する理由が違う。廊下だけ用意して歩く場所だけを提供したとしても、本人の不安、孤独、コミュニケーションの問題、薬の問題を考えない。根本的な解決にはならないということです。認知症高齢者は環境を整えたり、心理的に寄り添ったりすることが大切ではないかと、現在だったらわかるわけです。

一九七三年、大熊さんの『ルポ精神病棟』で精神病院の実態も明らかになりました。

昼間でもこんなに縛るのだから、人手がない夜はもっと盛大に縛っているに違いない、と疑って隠密に取材を続けてみた。その結果、（中略）夜ごとに繰り広げられていることがはっきりした。この病院は、午後六時になると玄関も職員通路も完全に閉まってしまう。もし何かの用事で職員が表に出たいときは、宿直の事務員に開けてもらうしかない。面会の人が入ってくる心配のない夕方六時を期して、夜勤のヘルパーが、ボケの強い老人を縛り始める。

（中略）

いちばん堅固な縛り方は、本人を仰向けに寝かせて、まず一本のひもを脇の下－背中－脇の下と通して頭の上の柵に縛る。これで肩が固定される。

次に、両手それぞれを側面の柵に。さらにウェストの部分をひと巻して結び、その端を側面の柵に。最後に両足それぞれを下方の柵に。つまり磔スタイルで、身動きが全くできない。

閉鎖病棟の一一六号室のKさんなどは、そんな格好のまま、翌日の面会が始まる午後一時まで放置されたこともある。実に一九時間の磔である。それにしても、狭い閉鎖空間に閉じ込めたうえで、長時間がんじがらめにする神経はどう解釈したものか。

しかし、足まで縛るケースはまれで、多くは手、胴、肩どまりである。脳卒中で左手が麻痺していて、右手だけ縛られる人もいる。麻痺した左手まで縛られることもある。手足が硬縮して仰向けに眠られない人が、手錠をかけられたような形で両手をそろえて一方の柵に縛られるケースもある。

この状態で夜をあかし、朝六時すぎにやっとひもが解かれる。こんな目に遇う人が、二階の一四〇数人の入院者のうち多い日で五〇人近く、少ない日でも三〇人ちょっといる。そのうち、Kさんを含めて運の悪い数人が、さらに午前中も縛られたままにされることがあるのだ。

縛られる老人の数、縛られる部位は、その日の担当ヘルパーによってかなり変動する。

病院側は、ボケのお年寄りを預かるとき、縛ることもありうることを告げて、一応の了承を取りつける。とはいっても、夜間、縛ったままの状態を家族に見られたくない。ヘルパーによっては、見舞い客がすべて帰ったとすると、夕方六時を待たずに縛り始めることもある。ところが、客が忘れものをしてもどって来たりする。そのときは客を廊下に待たせ、あわててひもを解く。


このように、その当時は、仕切りなしの部屋とか、手足を縛るとか、そういうことが平気で行われていました。拘束されると人間としての尊厳が傷つけられるし、身体機能が低下してしまいます。拘束を解いても、一端身体機能が低下するとまた元に戻らないといわれています。先ほどの資料に出てきた、夜間、徘徊して縛られていたKさん、今考えると縛らないようにするにはどうすればいいんでしょうか。

例えば、なぜ夜に起きているのかを考える。まずは、生活リズムを整えることに焦点を当てるわけですね。夜徘徊する人は、昼間に寝ている方が多い。なるべく昼間に運動してもらって散歩をして疲れてもらう。外に出ることをするとか、昼に寝る時間を少なくすることが考えられる。お風呂の時間を夜にするとかで夜、すっと寝れるような状況をつくる。

あと、なぜ徘徊をしているか、根本的な原因を考えて対応することが必要になります。時間の見当識がないとか、薬がまだ残っているとか、昼、動いてないとか、いろいろあるでしょうが、その要因別に対応していくことが必要なんですね。

3）一九九〇年代以降

やっと一九九九年、身体拘束禁止が出されます。手足を縛ることだけではなく、利用者の行動の制限も禁止の対象となります。車椅子、椅子、ベッドに紐で縛ることもだめ。ベッドを四方向、柵で囲むこともだめ。ベッドを四方向、柵をするのがなぜだめなのかというと高齢者が自由にベッドからおりられないからなのですね。たいてい落ちてけがすると困るからという理由で柵で囲んでいるのですが、寝る時にベッドを低くする、横にマットレスをおくなどで、怪我をしないようにすることはできるわけです。

また、点滴を抜いたりしないように鍋摑みのようなミトン型の手袋をつけるとか、おむつ外し制限のためにつなぎ服を着せることもだめだとなりました。その当時、おむつはある一定時間にならないと替えてもらえないことが多かった。でも高齢者は蒸れてくると気持ち悪いのでおむつを外そうとする。おむつを外されると介護者は困るので、高齢者は上と下がつながっている洋服を着せられます。後ろにチャックがあってそのチャックは鍵つきで、鍵は職員さんがもっている。そんなつなぎ服が平気で着せられていた。そういうこともいけないと。あと、向精神薬の過剰な服用、自分で開けられない部屋に閉じ込めるとかもいけない。今から一五年前にやっとそうなったということです。

今までみてきたように、認知症の方は、昔は何もわからなくなった人というイメージが強くて隔離をするとか、収容する意識が強かった。だんだんと認知症がどういうことかわかってきて、できないこともあるが、普通の人だとなったんですね。本人の能力に応じてできることをしてもらおうと変わってきます。二〇〇四年、「痴呆」という言い方を「認知症」に変更するという報告書もできます。二〇〇七年までにほぼ言い換えができました。認知症高齢者を在宅でみていたが、地域で支えていかないといけないということも強くなってきたのが最近のことです。

3●認知症高齢者の人権は守られているか

では、実際、認知症の人を地域で支えていくにはどうすればいいか。まず、医療面と生活面のサポートが必要です。認知症高齢者は、病識もないので自分で病院に行かない。病院につなげなければなりません。そして、受診を継続させることです。生活面では在宅生活を続けるために必要なサービスの提供が必要です。在宅福祉サービスだけでなく、徘徊しても安心なまちづくりがなされないと認知症の人を地域で支えていくのは難しいと思います。

それを踏まえて、現在、認知症高齢者の人の人権は守られているかを見ていきたいと思います。二〇〇七年に起きた九一歳の認知症の男性がＪＲの列車にはねられて死亡した事件。介護者の奥様が当時八五歳で要介護一。奥様がまどろんでいる僅かな間に男性が外出して線路ではねられてしまった。裁判になり、第一審では妻に夫から目を放さずに見守ることを怠った過失と認定され、また離れて暮らしている息子がサービスを受けさせる監督責任を怠った過失と認定され、あわせて七二〇万円の賠償が命じられたという判決です。これはあまりにひどすぎると控訴して、第二審では徘徊防止センサーを切っていたということで、妻のみに監督責任を認めて三六〇万円の賠償が命じられた。

こういう判決が出ると家族全員が徘徊などすべての責任を負わないといけないのかとなります。認知症高齢者を支えるといっていながら、家族が全部責任を負わないといけないのか。地域で認知症高齢者の徘徊を完全に止めようと思うと部屋に閉じ込めるしかない。でも、閉じ込めることは、一九九九年の身体拘束禁止で虐待にあたるといわれています。家族が高齢者の徘徊が怖くて玄関の扉の鍵を閉めて開けられないようにしたために、判断能力が低下している認知症高齢者は外へでようと窓から飛び下りてしまったというケースもあります。窓も固定する、玄関も複雑なカギをつけて閉じ込めてしまう。そうなると高齢者はより不安になるので、周辺症状がひどくなって認知症のケアが大変になる。より悪化する。

実際に認知症の方で徘徊したまま行方がわからなくなっている、警察に通報があったという高齢者が二〇一三年度で一〇三二二人。このうち死亡が確認されたのが三八八人。三八八人の方の四人に一人が捜索願が出された段階で、すでに死亡していたことがわかりました。家族が真剣に探して見つからないと警察に届ける、時間がかかりすぎると亡くなってしまうケースが結構ある。家族だけで見つけようとするのではなく、もっと早く警察に通報しないといけないといわれています。

高齢者の人権は守られているか。他にも高齢者虐待という問題もあります。二〇一二年の時点では虐待件数は、一五二〇二件。その中の七四%が認知症であったといわれています。虐待が起こる原因として介護疲れ、周辺症状がひどいと目が離せない。また、もともと高齢者と仲が悪かった人が介護していることも多い。そうするときちんと介護ができない。そして、施設に入所するのも難しい状況があり、特別養護老人ホーム入所待機者が全国で五二万人います。さまざまな要因が絡んで疲れがピークに達した時、虐待の可能性もある。認知症高齢者の人権を考えて対応をしないといけないわけです。

4●認知症高齢者の人権を守るために

例えば、自治体がやっていることでは認知症高齢者徘徊SOSネットワークがあります。これは認知症高齢者が迷子になって、「いなくなりました」と警察に通報すると、警察から一斉に無料でファックスとかメールとかでいろんなところに連絡がいく。郵便局、駅、タクシー協会、コンビニとかに一斉に連絡がいって、皆が探すことをしているところがあります。大牟田市では年一回、そのための訓練もする。認知症高齢者の役の人が徘徊してもらって、見つける訓練をする。認知症高齢者の徘徊を社会で守る体制をつくっていこうというわけです。大牟田市や札幌など、積極的に取り組んでいる自治体はありますが、SOSネットワークを自治体でやっているところは約三割です。そして実際に機能しているのはその半分で、一五%になるといわれています。認知症高齢者の見守りは推進されなければならない。地域に住んでいる人皆の認知症についての理解が広がらないと、徘徊する認知症高齢者を皆で見つけるといっても難しい。

国はどういうことをやっているか。認知症サポーター。二〇〇五年度から認知症サポーター一〇〇万人を養成しようと全国で展開しています。認知症サポーター養成講座では、約九〇分の授業で認知症の方にこういうふうに対応してくださいと学ぶわけですね。その授業を受けるとオレンジリングをもらって、「あなたは認知症サポーターです」となります。特に何をするということではなく、徘徊している高齢者がいると対応してもらうとか通報してもらう。自営業の方は自分のお店に認知症高齢者が来たら、やさしく対応するとか、自分ができる範囲のことをやってもらう。現在、サポーターは約五〇〇〇万人といわれています。

認知症高齢者をめぐる対策として、国がやっているのはオレンジプラン。認知症施策推進五ケ年計画、二〇一三年度から五年計画で国レベルで認知症高齢者の対策を推進していこうとしています。今までは認知症の人の症状がひどくなって危機が生じてから事後的に対応していた。認知症の症状がひどくなると精神科病院に入院する人が今でも五万人くらいいます。事後的対応ではなく、認知症だとわかった時点で対応するとよいのではないかというのが国の考えです。

本人、家族がいてこれは認知症だと気づく。介護と医療と両面の対応が必要になる。医療の分野ではちゃんと診断を受けないといけない。日常的に薬をもらう。介護の分野では認知症かもね、と気づくと地域包括支援センターと連携して認知症初期集中支援チーム、つまり、医療職、福祉職の分野の人がチームになって、認知症の人にどう対応したらいいかと考えてくれる。そして必要なサービスを受けていく。認知症になった人がどんなサービスを受けられるかをイメージできるもの、自治体独自でサービスが違うので詳しいものを自治体でつくりましょうというのが認知症ケアパスです。

認知症の早期診断は難しいので認知症の早期診断をする医者の数を増やそうとしています。認知症の地域推進支援員。認知症の人、家族を支援する人を七〇〇人、将来的には二二〇〇人に増やしていく。この事業を円滑にしていく推進員を増やしていこうと。

オレンジプランはいいかなと思うけれども、理念はいいが、実現できるのか。基盤整備があやふやだったりする。国は各市町村を中心に進めていきなさいと言っているわけですが、市町村はお金持ちの市町村と貧乏なところで分かれています。対策が進むところと進まないところが出てきます。地域包括支援センターがかかわってくるといわれますが、今ある仕事で手一杯で、これ以上できないというパンク状況で、認知症高齢者のケアはとても手が回らないという現場の人がほとんどです。

認知症地域支援推進員が七〇〇人、多くて二二〇〇人といわれており、この数字は多いように思いますが、全国的にみると一つの中学校区に一人おくとすれば一万人いるんですね。二二〇〇人ということは五つの中学校区で一人になる。認知症の高齢者の方で受診しない方もある。地域に埋もれていることに対して対策を進める人がいっぱいいないと難しいといわれます。自治体で何とかしようというネットワーク、目標値はオレンジプランではつくられていない。自治体でやれるところはやるが、やらないところはやらないという格差が出てくることが予想される。財源、人を用意していかないと地域にサービスが十分ではなくなります。認知症高齢者が地域でサービスが十分ない中で生活することになるのがこわいと思います。
認知症高齢者の生活を守るためには理念を実現する財源と人が必要になってくる。地域格差を広げないための支援がほとんどされていない。地域包括支援センターは今、やっていることで手一杯、認知症支援推進員も少ない。徘徊ＳＯＳネットワーク、地域で支えていくことが促進されていない。また、認知症高齢者が徘徊して、今回のＪＲの事故のように損失を出したことに今は個人で対応している。年間で一万人もの人が行方不明になっているわけですから事故に巻き込まれている可能性もある。国全体で対応をシステム化していくことが必要です。在宅生活が限界になった時の施設の整備が、あまりにもされていない。そこもやっていかないといけない。それを国、自治体レベルでやっていくこと、また私たちも意識して認知症高齢者を支えていくことが人権を守ることになると思います。
認知症高齢者の歴史と、その人権を守るためにということを考えてきました。それでは以上とさせていただきます。どうもありがとうございました。

（質疑応答）

司会　関心のある問題であり、誰もがそうなる可能性があります。建設的な議論を自由にご発言いただきたいと思います。

質問　私は人権養護委員で一五年になります。姉が妹の着物をとったというトラブルがあるとか。

認知症地域支援推進委員は京都府では何人ほど、どういう活動をされているかお知らせいただければと思います。

春名　オレンジプランが二〇一三年からで、まだ全部ができたわけではない。これから五年間でやっていくと。県によってちがいもあるわけで、熊本県では認知症地域支援推進委員にかなり人数をおいている。京都での人数などは把握していませんがあまり進んでいないかと思います。要となる地域包括支援センターにも去年、聞き取りをしましたが、認知症の高齢者のことがまだ進んでない段階だという話を聞きました。宇治はモデル地域に指定されています。政策的には地域支援推進員が動いていくのは、これからの課題となります。

司会　地域包括とかケアマネとか専門職とは別に認定する資格ですか？

春名　新たな資格ではなくて推進員としておかなければならないことになっています。ケアマネとか、社会福祉士とか、介護福祉士とか一定の資格を持っていれば地域支援推進員になれるんですね。

質問　日本の認知症に対する制度は外国と比べてどの程度なのか。遅れているならばなぜ遅れるか。そのへんを聴かせていただければと思います。

春名　遡って考えますと、戦後日本で高度経済成長期、日本はドンドン福祉にお金を回していたのですね。世界的な動向では北欧では国が責任をもって福祉を推進していこうとする福祉国家という方向です。日本も最初は少しそのように福祉にお金をかけていく部分もあった訳です。でも、日本は高度成長期から石油ショックで経済が低迷して、新保守主義の考え方が出てくるんですね。国が福祉に欠ける予算を削減しようという方向で、公的なお金を削減して、民間の自助努力が強調されていった。

アメリカ、イギリスも一九八〇年代以降は福祉の公的な部分の削減傾向に入り、公的な部分ではやらずに民間が頑張ってねということが多かった。その流れを日本も同じように進んでいるのかなと。理念的には海外の影響を受けて進んでいる部分もありますが、実際には公的にお金を出すより、民間の力とか自助努力が強調される。介護保険でも、皆からお金を集めて一割負担でのサービスを受けられる。今の政権になると、お金をもっている人は二割負担にしようと負担が上がる方向になる。民間とか個人に頑張ってくださいという方向性が続いているかなと。国が本腰を入れていないとあまり推進はされていかないですよね。

一九九〇年代に「寝たきり老人」は実は「寝かせきり老人」であるということが言われるわけです。スウェーデン、デンマークには「寝たきり老人」の言葉はない。日本は老人を寝かせきりにしていると。向こうでは、昼間、老人を起こして寝たきりにさせない努力をしていた。日本もそれに追いつこうということはあったわけですが。中国とかに比べると日本は進んでいる方かなと思いますが、まだまだ北欧に比べると遅れている、保障できてないところもあるかと思います。

質問　地域包括支援センターで社会福祉士として勤務しています。認知症サポーターでもあります。認知症高齢者の方が行方不明になるケースが社会問題になって、私の地域でも残念ながらご遺体で発見されたということで、このケースに重なるように報道で認知症高齢者の行方不明のニュースに地域の方が不安を抱いているという現実があります。何らかの対応をしないといけないと、包括でも考えてくれと投げられるんですが、一つの案として、認知症とわかるような印をつけるとか、人権問題につながりかねないことですが、そうすべきなのか。また、日々相談援助に入る中で認知症に対する差別、偏見が根強く残っている。認知症の理解の底上げを先にすべきか、傷口をまず直しておこうという対応にするか、どちらが先なのか。個人的な見解で教えていただければ幸いです。

春名　悩ましいところかなと。例えば、竜野市では靴に「竜野」と書いて番号を書いているシールをはっています。徘徊をしてこの番号をみて照会することができる。それもアイディアとしては一つなのかなと思います。靴も他の靴を履かないように一つだけ玄関に出しておく。小さくシールを「竜野01」貼ってあると。

実際に地域の方に偏見もあるということですが、それは地道になくしていかなければならないですよね。前に地域包括の方とお話ししていたのですが、住民が認知症サポーターの授業を受講しても、それで終わりになっているということを聞いたことがあります。住民が九〇分で授業を受けてそのあとはそのままになってしまっている。そこをもう少し手を加えることはできないかという話もしていました。認知症高齢者のことを考え続ける機会というのも大事ですよね。

ＳＯＳネットワークが地域の自治体で一五％しか進んでないのは、なぜか。個人情報保護法の関係もあるといわれています。認知症の方の情報の公開と安全とのバランス、なんでもかんでも情報公開はよくないと思いますが、ある程度、出していかないと認知症高齢者を守れないというのも、また事実なのかなと思います。

質問　国のオレンジプランはまだスタートしたばかりで推進員が七〇〇人で将来、二二〇〇人でも少ないと。各地域のSOSネットワークを国が認定するのではなく、地域住民の志のある人がつくって地域で支援するという。今年春、「サイレントプア」というNHKドラマの中で、自分の母親が認知症で探し回ったという例。舞台は東京ですが、豊中市が長年にわたってやっている事業で、勝部麗子さんというPSWの方を中心に一四名の方が豊中で頑張っている。一つの事例をもとにそれを支える住民グループをつくって認知症の徘徊プロジェクトをつくっています。まだどんな効果があるか、わかりませんが、国だけではなく自治体、社会福祉協議会を中心に、住民からの捜索願いが出たら即、ケータイで見かけた人は連絡をとりあって見つけようと。国もお金だけ出して住民に任せる、地域に任せることで何万人という大きな力によって効果があるのではないか。一五%といわれましたが、もっとこれを進めるべきではないかと思います。

春名　SOSネットワークの今後の可能性、社協やコミュニティワーカーの働き。事例ですが、東近江の社協がいい取り組みをしています。実際に主に動くのはコミュニティワーカーというより、住民なんですね。地域で区を分けて、その区の住民の方たちが、自分たちで足りないものは何かを考えます。その中で認知症高齢者の問題だということになると、みんなで話し合って研修を主催してみたり、徘徊をみつける時にはこういうことをした方がいいとか、皆で話し合って計画を立てて、パンフレットもつくっている。区全部がやっていて、地域福祉計画、市の計画にも反映させる。地域住民が自分たちの問題として考えて、それを具現化する。その中に認知症の問題もあり、実際に計画を立て、サービスを進める時も、住民が主体となっている。コミュニティワーカーがそのサポートをする。コミュニティワークの理想型だなと思っています。

全国でどれだけやれるか、難しいかなと思いますが、やっている方に聞くと、難しいことをやっているわけではなく、住民の人に決めてもらっている。コミュニティワーカーがあまり前に出ていないことは、心していると。住民の力ってすごいですよね。いい取り組みかなと思います。ただ、住民独自のグループ、団体、支援も住民の人たちが高齢になると、今度は自分たちで運営するのが億劫になる。そのためにグループとグループの横のつながりをとりあいながら、地域でネットワークをつくっていかないといけないと思います。そういうことが住民の力を発揮させることになるのかと思います。

司会 話題はつきないところですが、この問題をまた継続して考えていかないといけないと思います。また機会があればとり上げたいと思います。今日はどうもありがとうございました。

（花園大学人権教育研究会第88回例会・二〇一四年七月二十四日）

児童虐待

——死亡事例等にみる援助の課題

津崎哲郎

皆さん、こんばんは。もともと私は実務家です。研究というより実例をずっとやってきた立場ですので、今日も実例に基づいて、問題がどこにあるかを考えさせていただければと思っています。今日、いくつかの事例を紹介します。これらはかなり有名な事件で新聞にも大きく報道されました。この事件を契機に法律や国の通知が変わった事例も紹介しています。しかし、なぜうまくいかないのかを踏まえて、現在、児童虐待が増えてきて、支援はされているが、どこに問題があるかについて理解を深めていただければと思います。

児童相談所の統計では虐待事例は一年間に七万件台、児童相談所だけでなく、市町村にも新たに通告されるようになっていますが、市町村は児童相談所よりもっと数が多い。あわせると一四万件くらいの虐待が一年間に起こっている。ただしこれは行政が把握した数です。まだ増え続けていまして、ストップの見通しが立っていない。その中のいくつかの事例を採り上げ、どういう事件がどんな状況で起こっているかを考えてみたいと思います。

1●二〇〇三年に起こった岸和田事件

最初の事例。二〇〇三年に起こった岸和田事件。二〇〇四年に児童虐待防止法の改正がありました。その時にこの事件が影響を与えています。条文が一つ付け加えられるという契機になった事件です。事例の概要。中学三年生の男子が三カ月に及び監禁された。その前に不登校状態が続いていた。その後、瀕死の状態で病院に運び込まれた事件。食べ物を与えられず、餓死寸前の状態でした。この後、長く入院して、今はある程度回復したと思いますが、障害が残っていて完全に元の状態に戻っていないと思います。

家族は実父、継母、中二の弟、彼と四人家族。実父は離婚して二人の兄弟を自分の親に預けていた。再婚して引き取られています。再婚した継母と子どもたちの関係がうまくいかない。継母は子どもたちが扱いにくい、いうことをきかない。それを聞いて実父が叩いたり、蹴ったりして虐待していた。そういう構図です。

このケースは学校の担任が、子どもが学校にこない。稀にきた時も子どもの状態が以前の元気な時と大きく変化している。やつれた状態。気になって虐待されているのではないかと疑いをもったのですが、家庭訪問しても、なかなか会えない。子どもの確認ができない。そういう状況が続いていました。子どもが学校にきた時に家の様子を聞くと、そのことが親の耳に入り、親が学校に怒鳴り込んでいる。「あんたらは虐待やと疑っているのか。土下座して謝れ」といって土下座させられています。なかなか確証が摑めない。気になるのでまた家にいくが、会わせてもらえない。

担任が困って岸和田市の児童相談所に相談をかける。確証がないので伝え方も曖昧です。「ちょっと虐待が疑われる。でもはっきりしない」。そういう伝え方になる。それを聞いた児童相談所の担当者も「虐待という強い伝え方ではなかった」と受けとめる。当時の岸和田児童相談所は、一般の地区担当のケースワーカーと虐待対策班を分けていて、虐待ケースはそっちにつながないといけない。しかし曖昧な報告だったので、つながなかった。担当者個人がそのケースを抱えてしまい、曖昧なまま処理されて、どこもこの子の救済行動をとらなかった。そのままになって最後は瀕死の状態です。当時、関係した医師の話を聞きましたが、もう少し遅れていたら死んでいた状態だったようです。

このケースは、なぜ援助がうまくいかなかったのか。全国的なレベルで議論になりました。十分救済活動ができなかった一つの要素は、児童相談所の担当者が学校の担任から聞いて「中学三年の男の子なら虐待されていたら逃げられるのではないか。だから虐待ではないのではないか。単に不登校ではないか」というイメージで見てしまったのが大きな問題点です。よく似たケースがあちこちで起こっています。「年齢が高いから逃げられるだろう。逃げないのはそれなりの事情があるのではないか」。そこに深入りしていくとプライバシーの問題があって、あまり深入りせずに様子見になる。しかし、支配下におかれて暴力で脅されたり、拘束されると逃げられなくなります。

似たような事件がありました。尼崎の角田被告。本人は拘置所で自殺しましたが、親族を取り込んで支配下に置いて次々と殺してしまう。皆、大人です。逃げようと思えば逃げられるのではないか。実は逃げられないんです。似たようなケースがＤＶ家庭です。ＤＶの女性は成人ですから「逃げたらいいじゃないか」。でも逃げられないんです。追跡されたり脅されたり、逃げた時に、よりひどい対応をされる。それで逃げる気力も削がれていく。ＤＶの重要な援助はエンパワーメント。動く、行動する力をその人にあてがわない限り、口先で「どこにいきなさい」とかの指示的なものではうまく行動できない。

最近でも松山で一七歳の家出した子が友人宅に居候して、そこのお母さんや出入りする子どもたちから暴行を受けて死んでいます。児童相談所とか警察が、地域の人から通報を受けている。相談を受けた児童相談所も「家出していても、あの年齢ではしょうがない」とか、警察も「民事不介入」で積極的に関与しない。一般の常識で「大人は逃げられる」と考える。しかしうまく行動をとれない人たちもいるということを想定しないと、積極的な援助行動がとれないということになります。

因みにこのケース、兄弟とも虐待されていましたが、中二の弟は逃げているんです。逃げて実母のところにいっている。中二の子はゴンタな子で非行傾向が、ちょっとあった。兄の方は、おとなしい。逃げるには行動力とか本人のエネルギーがいるということです。年齢だけで判断すると誤った対応になる。このケースで課題になったのは相談なのか、通告なのかという区別です。学校の先生が曖昧ないい方で児童相談所に伝えた。児童相談所は、単なる相談なのか、虐待の通告なのかがわからなかった。虐待の通告として受け止めていたら虐待対策班につないで積極的な動きができた。

相談と通告は何が違うか。微妙なところで区別して動きが異なるといけないということで、この事件の経緯も踏まえて児童相談所の運営指針が変わりました。すべての個人を特定できる相談は「通告」とみなして「組織的に対応しなさい」と、運営指針の規程が一部変えられました。今は、相談だろうが、通告であろうが、虐待的な報告があって個人が特定できていれば、それはすべて組織的な対応をしていかないといけない。

今、うまくいかないケースを見ていると往々にしてあるのは、個人で対応している。学校も個人の担任が対応している。これがよくないといわれます。連絡を受けた児童相談所も個人の地区担当者が対応している。今はすべて「組織的に対応しなさい」となっています。この事件も担任が悩んで児童相談所の担当者に相談していますが、学校の組織として様子がおかしい、状況がはっきりわからないが、「虐待の疑いがある」と校長が児童相談所の所長、管理職に「こういうケースがあるから背景の調査も含めて児童相談所で対応してほしい」というべきです。児童相談所は調査権がありますから、学校で事情がわからなくても、調査はできるんです。そのように頼めばいい。児童相談所が調査権を使って、家族、地域関係機関にあたって調査できる。それを組織的に対応せず、担任個人レベルで動いている。地区担当のワーカーに話をして組織的動きになっていなかったことが、有効な援助にならなかった原因の一つです。

このケース、近隣では有名だった。怒鳴り声と子どもの泣き声が響き渡って、集合住宅の住民が、その声に耐えがたいと引っ越した人もいる。しかし問題は、誰一人、それを通報していない。地域住民がそういうケースが起こった時どこに通報すればいいか、啓発周知が不十分だったのではないか。地域住民に「虐待の懸念があるケースは、どこに通報してください」と周知する必要がある。

法律的には児童相談所か市町村です。しかし、実際には警察にも通報がいく場合もあります。通報を受けた警察は動きますから。しかるべきところに通報しないといけない。引っ越しするような泣き声、わめき声を聞いていた人たち誰一人通報していないことも問題になりました。地域の間で有名だったわけですから、学校も事情がわからないのではなく、近くの人に聞いたらいい。同じ兄弟が同じ学校にきている。逃げ出してきた弟に聞けばいい。創意工夫がないんです。ピンポイントで担当のところだけで判断するという融通のきかない対応です。

逃げ出した弟が実母のところにいっている。実母は虐待の話を聞いて家庭裁判所に兄と弟の親権変更申立をしている。親権は実父がもっていた。家裁も、いい加減です。親権変更の申立を受けた家裁は児童相談所の担当者と同じ判断で「中学三年なら逃げられるだろう。親同士の子の取り合いではないか」ということで家裁も動いていない。いろんな機関が、いい加減な判断をした。この事件が発覚した時、児童相談所と学校はバッシングを受けたんです。「もう少し組織的に対応しないといけないのではないか」と。しかし家庭裁判所は一切バッシングの対象になっていなかった。家庭裁判所は、調停事件や親権変更の事件を扱うので、家裁も自分のところだけで抱え込まずに、必要性、緊急生があれば児童相談所に連絡しないといけないのに、国の機関は動きが悪い。裁判所は判断するだけ、というところで、実際に緊急性があり、行動をとらないといけないという意識が低い。だが批判の的も、そこまで届かないということがあります。翌年の法律改正で何が条文として入ったのか。「行政が安全確認をしようとして、うまくいかない時は警察署長に協力を要請する」という一文です。「要請を受けた警察署長は署員をもってして打開を図る」。こういう一文が入ったのは、この事件がきっかけです。

2●二〇〇六年に起こった長岡京三歳児餓死事件

二番目のケースは長岡京市で起こった事件です。当時、大騒ぎになり、厚生労働省が京都府にきて検証したというケースです。この事件を契機に運営指針が変わっています。「四八時間以内黙視確認」。通報を受けた行政機関は四八時間以内に安全を目で見て確認しないといけない。全国の児童相談所は現在それで動いています。市町村は厳密にいうと運営指針に書かれてないのですが、児童相談所は書かれていますので、それに準じた動きになっています。一部には「二四時間以内黙視確認」を実行している自治体もいくつかあります。さらにスピードアップしたのが大阪市で、後のケースの失敗を契機に大阪市は唯一、即応体制です。夜間も含めて通報があったらすぐ現場にいく。そのための要員を毎晩二名、児童相談所に配置しています。

通報が入ると、もっと早くいくために消防車を出動させる。消防車が先に現場へ、一〇～一五分でいく。サイレンは鳴らさずに。一台の消防車に四人の職員が乗る。二人が消防車に残る、後の二人が現場にいって様子を見る。泣き止んでいたら児童相談所の職員が後追いでくるまで待つ。児童相談所の職員が現場にいくのは三〇分～四〇分です。夏場は泣き声がよく聞こえるのか、多い。そういうことから、今は児童相談所のエネルギーが安全確認ばかりにとられている。毎晩二名の職員を配置するには相当、人員がいります。職員のエネルギーが安全確認ばかりにいって、肝心の家庭支援に手が回らないというバランスを欠く事態になっています。

安全確認の時間設定導入の契機になった長岡京の三歳児餓死事件。ステップファミリーです。再婚家庭。実父が再婚して継母がきた。そのため実家に預けていた六歳の姉と三歳の弟を引き取った。しかし継母と子どもの関係がうまくいかない。中途からの養育は難しい。私も里親をしていますが、実子の養育プロセスと中途から預かった子の養育プロセスは全く違います。ところがうまくいかないということが、あまり知られていない。自分の子を育てたことがある人だったら大丈夫だろうという安易な考えです。

お母さんは男性より年上で、子どもがいうことをきかない時は食べ物を与えないという罰をとる人だった。当初上の子との関係がうまくいかず、食べ物を与えない罰で対応した。六歳の女の子は食べ物を与えてもらえないので、おなかがすく。近所をうろうろして「おなかすいた」というので近隣が通報した。警察が彼女を身柄つきで児童相談所へ通告し、児童相談所が調査をして継母から虐待されているということで六歳の子を保護して児童養護施設に入所させた。三歳の子は一見、継母にもなついているように見えた。三歳の子はそのまま在宅扱いになった。その時に話し合っている。

各市町村に要保護児童対策地域協議会（要対協）があります。これは二〇〇四年の改正で、二〇〇五年度に各市町村につくられ、この事件は二〇〇六年に起こったものです。在宅の見守りは要対協がするんですが、上の子は保護された。「下の子に攻撃が向くかもしれない」と話し合われているんですが、「見守りましょう」という曖昧な言葉だけで、誰が、どのような形で具体的に見守るのかという話はされていない。言葉だけで実際に行動されていなかった。姉が施設に入っていて、それを担当した児童相談所の職員が姉の面会にいく時、弟をつれていくので、その時に弟の様子を見ていた。そういうかかわりだったようです。

ところが当初、心配されたように、お姉ちゃんがいなくなると下の弟に攻撃がいった。近所に住んでいた民生・児童委員が、この子のことを気にされていた。よく子どもの泣き声が聞こえると、数回、児童相談所に通報されたのです。後になると「子どもの泣き声が最近、弱々しい感じがする」「子どもの姿を最近、見ない」という通報も入っている。これが致命傷です。なぜ子どもの姿を見なかったか。部屋に閉じ込められていた。お母さんは学習して上の子はうろうろして近所の目について通報された。だから下の子はうろうろしないように部屋に閉じ込めた。なおかつ食事を与えませんから、みるみる痩せていって最終は体重が半分くらいになって餓死してしまった。逮捕されて警察の捜査が入った。

なぜ弟が攻撃されたのか。理由は極めて単純です。「三歳でしゃべるのにおしっこいえないで漏らしてしまう」。それだけの理由です。「しゃべるのにおしっこがいわれない。それは子どもがだらしないから」という継母の認識です。食事を与えないと、懲りて「おしっこ」というだろうと。しかし、基本的に子どもの認識が間違っている。しゃべると機械的に「おしっこ」といえるのではない。おしっことといえるのは、また違う要素がある。子どもの発達機能がうまくリンクしないとだめです。言葉も必要です。そして「おしっこがしたい」、尿意を感じ取る力です。それを感じとった時に括約筋を使っておしっこを我慢しないとだめです。括約筋を使って調整しながら回りの大人に対して「おしっこしたい」といって、トイレにつれていってもらって初めて、そこで放尿するという一連の感覚の発達、筋肉の調整機能の発達、言葉が結びつかないとだめです。その知識がお母さんにはない。この人も自分の実子は育てていたんですけど、しゃべったら機械的に「おしっこ」というはずだ。いえないのはだらしないから懲らしめに、いうまで食事を与えない。いつまでたってもいえない。引くに引けないという感じです。そして最後に餓死してしまった。

数回、通報が入っていますが、児童相談所の担当者はどうしていたか。そのたびに見に行かず、お父さんに電話していた。なぜお父さんに電話するのか。実は内縁関係です。法律的には親権者は父親で継母は関係ない人です。そういう意識があった。お父さんに様子を聞いていた。お父さんは子育てを一切、継母に任していた傍観者です。傍観者に電話していたので何の改善もない。これも後で検証がありましたが、担当者個人で対応していた。組織的判断をして行動することができていなかった。要対協とも連携不足です。

このケースはお母さんに、子育てのことについて教えてあげないといけない。しゃべれることが機械的に「おしっこ」というのと結びつくのではない。それを懲らしめても、知らせるようになるわけではない。時間はかかるが、ころあいをみはからって、子どもをトイレに何回もつれていって「シーシー」といって「うまくできた」という感覚を徐々に身につけさせるといえるようになる。

なぜ家庭で子どもの虐待が起こるのか。中等養育の難しさや発達への理解を押さえて、その家庭に、どうアドバイスすればいいか、本当は内容を踏まえて援助しないといけないんですが、そういうことになっていない。単に外見だけを気にして、家族に「叩かないでください」という助言が多くて、メカニズムをしっかり押さえた形の、適切な援助になっていない。このケースでは「子どもの姿が見えない」ということは、かなり危機が高い。

これと同じようなケースは数年前に奈良県の桜井市でも起こっています。二人の子どもがいるはずなのに、兄の姿が見えない。五歳くらい。「妹はつれて出てくるが、上の子は見えない」といっていたら、なんとロフトに閉じ込められていた。最後は餓死しています。「姿が見えない」のはリスクが高い。そういうことを踏まえて、どういうリスクとシグナルがあるのか。断片的シグナルとリスクの高さを結びつけて判断しないと援助はうまくいかないことになります。

3●二〇〇六年に中国地方で起こった二児殺害事例

三つ目の事例。中国地方でお母さんが子どもを二人、首を締めて殺してしまった事例です。この当時、私は厚生労働省の死亡事例等の検証委員をしていまして、この時は厚生労働省の立場で検証委員二人と厚生労働省の役人と三人で現地訪問にいき、ヒアリングをしたケースです。二人の子どもは両方とも発達障害児です。兄の方は保育所へ、弟は若干、障害の程度が重くて障害児通園施設に通っていました。お母さんは教育熱心な方です。二人の子どもが発達障害ということで図書館で勉強をしたり、講演会や学習会があると出席されていた。しかし発達障害そのものがよくなることはない。周りのかかわりを工夫することが大事。すぐには状態像がよくならない。下の子どもが近隣で問題を起こしたりしてお母さんはだんだん元気がなくなってきた。保育所も通園施設でも他の親御さんと交流しなくなり、見た目も元気がなくなり、うつ状態になる。精神科にも通っていた。

そういう最中、お母さんが自宅で下の子の首を締めて仮死状態になった。幸い、この時は息を吹き返す。そういう事件が起こったので家族も関係機関も大慌てに慌てます。翌日、家族はお母さんを精神科につれていかれて、通園施設も児童相談所も協議して、このままおいておくのはと危ないと子どもを保護しようとする。ところが父親が反対します。「母親が精神的に不安定だ、そのような時に子どもが保護されたらもっと不安定になるからやめてほしい」という。そういわれて児童相談所は強制保護を諦め、その代わり「母親と子どもだけにはさせないでくださいね」とアドバイスをする。

これが全く意味のないアドバイスです。なぜか。保育所、通園施設に送り迎えができるのは、お母さんしかいない。援助者がよく「こういうふうにしてくださいね、こういうことはやめてくださいね」とか、生活実態を踏まえない援助者にとって都合のよい助言をしますが、それだけでは意味をなさない。相談業務に携わる人は、そういうことをよく知ってほしい。家族の生活状況では送り迎えはお母さんしかできない。日常生活の実態を踏まえた形で、お母さんがしないと、誰がどうできるか、支援を別途、できるのか。そういうことを考えないといけない。生活状況を踏まえない、都合のよい助言は効果をもたない。

このケースもこの地域に要対協があるんですが、一回も合同会議が開かれていない。この時は検証する立場でいきましたが、国から検証にくるということで関係者一同座っておられました。当初、通園施設の方と保育所の方に質問しました。「お母さんがだんだん弱ってこられて状態が芳しくない。それについては気づかれなかったんですか?」。二人とも「いや、気づいていました」「気づいておられて何かされましたか?」「何もしませんでした」「なぜ何もされなかったんですか?」「私たちの機関だけでは何もできないから」。

しかし、そのために要対協がある。一つの機関だけではできないから関係機関が集まってチームで支援方法を考える。この地域も要対協があるんですけど、個々の機関の職員にそれをどう活用するか、ちゃんと頭に入っていない。保育所も通園施設もだんだんお母さんが元気がなくなってきて状態が悪くなっていると知りながら何もしない。結果的に下の子どもが首を締められて仮死事件が発生する。翌日には家族が母親を精神科の病院につれていっている。

院長もヒアリングの場にこられていました。「精神科としてはどういう手だてをされましたか?」。院長は「安定剤を与えました」。「前日、仮死事件が起こっているんですよ」。「安定剤与えただけなんですか?」。院長は「仮死事件が起きていると知りませんでした」。機関連携していないから、それぞれが情報共有をしてないんです。病院のマイナス点は患者からしか情報を聞かない。家庭の状況を十分把握していない。だから精神安定剤を与える。個々の機関だけで援助しているから効果的な援助にならない。私は聞きました。「もし仮死事件が起こっていることを知っておられたら、どんな対応ができましたか?」。そうすると院長は「もしそれを知っていたら母親を入院させたと思います」。当然、そうですね。母親が自分の子どもの首を締めて仮死事件を起こした。自傷他害の事件です。こういう状態になって、そのまま置いておくわけにいかない。

児童相談所と病院が連携していないために、児童相談所は子どものことばかり考えている。それを父親に拒否された。「母親と子どもだけにさせないでくださいね」と紋切り型の助言をして母親を入院させる発想になっていない。連携をすべきところを連携しないままにチグハグな対応をし、仮死事件が起きて、その一〇日後、迎えにいった車の中で今度は二人とも首を締めて殺してしまったという事件が起こった。今は、虐待という事件を特定の機関だけで個別にやっていたらダメで関係機関が連携し、情報を共有し、家族全体の実情を十分にそれぞれが意識して、チームでその家庭をどう支援するかを総合的に考えないといけない。家族全体のアセスメントといわれるのはそういうことです。今までの援助は各機関が個別に援助していた。それを払拭しない限りは効果的な援助に結びつかないということです。

4●二〇〇八年に京都府下で起こった四歳児死亡事例

四つ目のケース。京都府下で起こっています。四歳児死亡事例。民生・児童委員からA市の要対協に電話通報が入っています。「家の中から子どもの泣き声が聞こえる。時々子どもだけで過ごしていることがあるのではないか」。八歳から一歳までの四人の子どもがいる家庭です。複雑な家庭で家族は母親二六歳、内縁の夫二四歳、そこに同居の二〇代男性がいる。子どもが四人いるが、皆、父親が違う。長女の父親と次女の父親、長男、三女の父親と、現在同居している内縁の夫は別人。相当男性にもてるおかあさんかなと思いますが、次々とお父さんが代わっている。

通告を受けた市役所の家庭児童相談員と保健師がペアで家庭訪問をします。この人たちの頭の中には四八時間以内の黙視確認があった。何回か訪問するんですが、留守だったりしてうまくいかない。子どもの安全の黙視確認が十分できないのですが、何度目かにいかれた時には三人の子どもまで見たんだけど、四歳の次女だけが奥の部屋から出てこない。黙視確認できなかった。

一回帰って工夫をする。あの子を黙視確認できなかった。必ずできるにはどうしたらいいか。そうだ、今度は四人分のお土産を用意していこう。一人ひとりに直接あげたい。そうすれば子どもも奥の部屋から出てくるのではないか。四つ土産を用意して再訪問。それがうまくいって奥の部屋から次女が出てくるんです。出てきた子をまじまじと黙視確認する。痣はないか、傷がないか。顔色がちょっと悪かった。そこは気になったが、痣も傷もないし、虐待されている雰囲気もなかったので一応、全部、黙視確認できたと一安心した。そして帰って通報をいただいた民生・児童委員にも「全部、黙視確認しました。安全でした」と報告をする。

実はその数カ月後にその子が死んでしまう。これがまた一つの課題です。黙視確認が目的化する。それだけで安心してしまう。中で何が起こっているのか、どういう日常が日々行われていて、あるいは不適切に扱われているとすると、それはどういう理由でそういうことになっているのか、中身を確認していない。これが結構、増えています。早くいかないといけないと黙視確認だけによりかかっている。中身の把握ができない。子どもが死にましたから母親と内縁の男性が逮捕されます。警察捜査でわかったことは、市役所の職員がいかれていた時期に、その子だけが玄関で寝かされていた。もっとひどいことにはガムテープで巻かれて他の家族は旅行にいっていた。なぜその子だけに虐待をしていたか。理由は単純で、その子が盗み食いをするから。だけど保健師と市役所の職員がいった時、中身の話は一切ない。黙視確認で終わった。安全だった。その数カ月後に殺されてしまうというケースです。

国が一つの方針を出すと行政はやり方を漏れなくすることだけに意識がとらわれ、肝心の中身が抜け落ちる。行政は形を整えるのはうまいが、中身がない、ということがしょっちゅう起こるということで、それがパターン化してしまうと肝心な、押さえないといけないところが全部抜けてしまう。今は親のホンネを引き出す技術が必要です。警戒型、監視型でいくと親はホンネを出さない。余計に何もいわない。思っていてもいわない。そこをどう突破するかが重要なテーマです。

今、全国で福岡市が初めて初期の安全確認を民間に委託しています。民間委託で四〇、五〇人の訪問スタッフを抱えて児童相談所から連絡を受けて、二人ペアでいかせるそうです。相当研修も受けて。民間の方がソフトに対応する。「ちょっと泣き声が気になるということでこさせていただきました」。会えない時は周辺情報を集めて児童相談所にフィードバックする。初期の確認、四八時間黙視確認が制度化されてから一般の親たちの意識にも「子どもを泣かすと児童相談所に通告される」という会話が一般化してきて、そこに「児童相談所がきた、役所がきた」となると、自分が疑われていると思うから余計いわない。そこでどうホンネを引きだすところまで踏み込めるかどうか。

相手は調べられにきていると思うと絶対にいわない。面接会話の技術が重要になってきます。あちこちに研修にいっていうのは「大阪のおばちゃんになりきれ」と。大阪のおばちゃんはうまく枠を崩して相手の話を引き出すのがうまい。相手も「この人に話をしても大丈夫、安心や」と思うから言う。虐待の親は苦労されている人が多いですから、ほんとに心を開いて「この人は話をきいてくれる」と思うと、すっと話をするんです。そういう技術を身につけない限り、なかなか効果的に調べようと思っても難しい。

5●二〇一〇年に大阪市で起こった幼児二名餓死事例

次の事例。これも有名な事件です。二〇一〇年、大阪市で起こった幼児二人餓死事件。風俗店に勤めていた二三歳の母親が三歳女児と一歳男児を部屋に残したまま帰宅しなかった。このお母さんは刑が確定しました。懲役三〇年。有期刑の最高刑です。殺人罪が適用された。子どもを置いたままで帰らなかったら死ぬということがわかりつつ、帰ってこなかった。

私は大阪市の検証委員なので詳しく知っています。四日市から流れてきた人で不幸な生い立ちです。このお母さんの親は、四日市では有名なラグビーのコーチです。実母とうまくいかず虐待され、一時、お母さんからネグレクト状態の虐待を受けます。そして、お父さんが再婚されて引き取られ、継母との関係もうまくいかず、再度虐待体験。放任、そして継親から拒否を受けた体験の中で育ってきた。一時非行に走った後、立ち直って結婚され、その間はいいお母さんを務めていた。事件が起こる一年前に離婚になり、その時、お母さんと二人の子どもは家を追い出されています。二二歳です。子どもは当時、二歳と〇歳。二歳と〇歳の子どもと共に家を追い出されてお金もない。サポートしてくれる人もいない。養育できるわけがない。

このケースの経緯を見ると親族にも責任があります。子どもの面倒はすべて母親に押しつけた。お母さんに「子どもを責任をもってみます」という誓約書も書かせています。一時は名古屋のキャバクラに勤めて託児所に子どもを預ける。〇歳とか二歳だとすぐ熱を出す。住宅で子どもが水を出しっ放しにするとかのトラブルがあり、そこにおられなくなって大阪に流れてきた。大阪で風俗に勤めて、そこが貸してくれたワンルームに住んで、最初はベビーホテルに預けたらしいですが、そこともうまくいかなくなって、家においたまま仕事にいくという形になった。

子どもは小さいですから、夜中、泣きます。マンションの住人から児童相談所に三回、通報が入っている。「子どもが一晩中泣いています」。これもまた児童相談所の対応が腹立たしいくらいで、いい加減な対応です。児童相談所はマンションに五回出動している。ところが最初の三回、マンションの中に入れていない。オートロックマンションです。当時はどうも子どもだけ置かれていた。反応しないから入れない。ぐるぐるマンションの周りをまわって、出入りする人がいないかと待っている。その失敗を三回繰り返している。あまりにも知恵がない。一回失敗したら次は同じ状況をどうクリアするか考えないといけない。工夫がない。役所の一番ダメなところです。通りいっぺんのことはするが、それ以上のことをしない。

私は検証委員の立場で検証しました。この事件で二人死に、全国的に話題になったケースです。府警本部の幹部がオブザーバーできていました。私は座長をしていて「児童相談所は三回も失敗しています。警察ならどうやって入りますか?」と問いました。回答が全然違います。「警察なら反応がなければ片っ端からインターフォンを押します」と即答しました。「応答をしてくれたところに事情をいって開けてもらって入ります」。これが正解です。そういう対応を行政はできない。

五回のうち、あとの二回はうまく出入りの人がいて、その隙に入った。そういう入り方は弁護士にいわせると、正しい入り方とはいえない。誰の許可もとらずにスッと入るのは。正しい入り方は警察がいったように他の部屋のチャイムを押して簡単な理由をいって入る。最近はほとんどオートロックです。あとの二回は出入りの隙間に入って三階の部屋までいっている。ドアを叩いたり、呼び鈴を押しても反応がない。付箋で「訪問しました。連絡ください」と書いて残して帰っている。これもいい加減な対応です。二回、そういうことをしていますが、反応がない。反応がなければ違うアプローチを考えないといけない。少なくとも三回通報があり、安全確認ができてないということであれば、違う手だてを考えないといけない。

児童相談所は実は権限を与えられている。立入調査権。普通は知事、政令市は市長に与えられた権限ですが、いちいち緊急の時に決裁をとっていられないから大抵は児童相談所長に委任されている。児童相談所長が「虐待の恐れがあるから立入調査権発動」とすれば、すぐに執行できるんです。立入調査権というのは児童相談所の職員だけでなく、警察官といきます。そういう形でいくと管理会社も鍵を貸してくれる。児童相談所だけでいくとなかなか貸してくれない。警察官といっしょにいって「立入調査権の発動だ」と身分証を示してやる。

入ったらよかったんです。中にいたんです。ドア越しにどんどん叩いたり、呼びかけても反応がない。いったタイミングが悪くて、泣きつかれて寝ている時ばかりいっている。三回目の通報は早朝五時半。「今、泣いています」という通報です。児童相談所の職員がそれを受けて、いついったのか。一五時半にいっている。一〇時間後にいっている。なぜすぐいけなかったのか。忙しかったから。バカです。

最初一回目訪問している時は区役所の要対協の職員といっしょにいっている。区役所もこのケースを認知している。自分がいかれなかったら、区役所に「様子を見に行ってください」と頼んだらいいわけです。区役所は家の近くで歩いていける距離です。朝五時半にいくのが難しくても、九時過ぎにはいけるはずです。忙しいといいながら他の機関に協力を求めることもしていない。失敗しているんです、何回も。通報が入ったので警察に「様子を見てもらえませんか?」と依頼すればよい。そういうこともしない。

本当に役所の人間の創意工夫のなさ、通りいっぺんのことはするが、踏み込んだことをしない。その態度、行動の説明を聞くと辟易します。公務員になるのは結構、いい大学を出た人たちです。何が足らないか。意気込みとか創意工夫、自分が何をしないといけないか、事態を打開しないといけないという責任感です。通りいっぺんのことはするけど、それ以上のことはしない。

結局、助けられるはずの命が助けられなかった。児童相談所の職員がいっていたのが五月、死体が見つかったのが七月、解剖所見では六月はじめまで生きていたというんです。重要な時期にいっているんですが、通りいっぺんの対応です。最後二回は付箋だけ残して相手から返事がくるのを待っていた。待っていたって、こない。では次の手を打っているか、打ってない。打つべき手はいっぱいあるのに打っていない。役所の人間のやる気のなさで二人の子どもを亡くしてしまうことにつながった。

母親が三〇年の刑ですが、児童相談所は一〇年くらい刑を請け負わないといけない。親族も悪い。一〇年くらい請け負わないといけない。しかし、刑事裁判ですから母親が一手に引き受けることになっています。

6●二〇一〇年に東京で里親が三歳の女児里子を死亡させた事例

六つ目のケース。里子です。里親になった方は高学歴で有名私立大学大学院博士課程を出ています。心理学を勉強した方で、心理学の勉強はあまり子育てに関係ないというケースで、殺してしまった。子育ての経験はあるんですが、中途からの養育は難しいことを知らなかった。私も一九歳の里子を養育していますけど、実子と違う。そこを知らないといけない。ステップファミリー、再婚家庭でも同じ問題が起こっている。今、結婚カップルの四組に一組が再婚家庭です。どんどん増えていますが、難しさを知らない。さらに悪いのは再婚家庭で「子どもが悪いと親が違うからと言われる」ということで、いきなり躾けから始まる。土台づくりの「安心と信頼」の関係を先につくらないと失敗するんです。その知識が一般に染み渡っていません。行政に啓発冊子をつくるよう主張しています。

私は、NPO法人児童虐待防止協会の仕事をしていますので、そこから行政に圧力をかけて、大阪市が二〇一二年三月、子ども向けと大人向けの啓発冊子をつくりました。兵庫県小野市も京都府もつくりました。どんどん広げていこうと考えています。なかなか全国に広げるには時間がかかると思いますが。

7●二〇一一年に大阪市で起こった三歳児ポリ袋死亡事例

七番目がステップファミリーの典型的なケースです。母子仲良くされていたのに、知り合った男性をお母さんが家に入れ込んだ。どうなるか。子どもからすると、男性がお母さんの愛情を半分とっていく、ライバルが出てきたということで、言うことを聞かないとか、ぐずる。それでお母さんが困って、その子を懲らしめのためにごみ袋に入れた。袋は薄いから子どもが破って出てくる。それを見た男が、連れ子の子が気に入らない。未熟な男で「子どもと自分とどっちが大事」と迫って、お母さんから「子どもが大切」と言われ拗ねている。お母さんが子どもを懲らしめているのを見て、ちょうどいい機会だと「自分の子どもを懲らしめるのは、しにくいやろう。代わってしてあげるわ」と、この男が、ごみ袋に子どもを詰め直して、すぐ出てこれないように紐で縛りあげた。ところがすぐ窒息死です。そして逮捕された。

お母さんに違う男性が家に入ってきた時、子どもがどう変化するかという知識がない。困る行動をするから懲らしめる。そして、取り返しのつかない事件になった。最近はこういう再婚家庭の連れ子が、いろんな形で被害に会うことが多くなっている。それを予防していくなり、対応できる体制にしないといけないのではないかと思います。とりあえず、私の話はこれくらいにして、質問、意見交換の時間にしていただきたいと思います。

〈質疑応答〉

質問　家族関係が希薄で、あなた任せという感じですが、暴力の連鎖がいわれますが、1、2の事例は親子関係の前の世代、親とその親との関係はどうなんでしょうか。親の振る舞いを見て子どもは育つわけですから。どういう躾けをしていたのかとか。

津崎　育ちが世代を超えて連鎖する。暴力的に育つと子どもも親になって暴力的になるといわれます、世代間連鎖。実際のケースはどの程度、虐待を受けていると虐待をする親になるかという統計データは、三割前後で出てくることが多い。事例1の詳しい親の生い立ちがわかってはいませんが、外見的にも実父は怖そうです。暴力的体質がある感じの人です。2の事例では別に暴力的な体質がある人ではない。叩くということではなく、食べ物を与えない形の暴力になっています。

事例6の二人の子どもを餓死させた女性の事例。懲役三〇年です。裁判所は「なぜ自分で育てられないなら役所に子どもを育てられませんと相談しないのか」という訳です。子どもを救済することをせず、放置して、その間、お母さんはホストクラブに出入りして現実から目を背けて見ないようにしたことで、印象が悪いんです。ルポライターが母親の生い立ちから調べ上げて本を出されています。私のところにも取材にきて名前も一部載っていますが、その人の言い分によると、お母さんは問題から逃げる傾向のあった方だということです。困難な問題にあった時、向き合わずに逃げる、そういう行動傾向が一貫してあった。

それはなぜかというと、虐待的環境、実母からも放置され、継母からもいじめられ、一時、非行に走って、誰も助けてくれないという経験の中で、周りから「あんたが悪い」と責められる。相談にいくとか人との信頼関係が基本的にない。何か相談にいくと、自分がまた責められるという思いがあって、話をもっていかず、問題から自分自身も逃げてしまう傾向が顕著だったと。結婚して守られているところでは、いいお母さんの役割を果していた。別れた夫も家で子どもをみている時の様子は一切、問題はなかったと証言しています。別れた後、家からだされて、自分が責任を負わされ、誓約書に「立派に子どもを育てます」と書かされている。子どもを施設に預けて働くことがしにくかったと思います。いずれにしても問題から逃げて問題に向き合わなかった。その人の生い立ちの状況が、その人の行動に大きく影響を与えていることはいえると思います。

暴力の直接の連鎖の影響があるのは三割程度ですが、実際はどのケースも、自分の子どもの頃の育ちが、いろんな形で影響を与えています。自分の子どもを育てる時、こういうふうに育てようと考えますが、自分が気がつかない育ちの中で身についた感覚、身についた行動パターン、様式の方が大きい。昔から諺で「子どもは親の後ろ姿を見て育つ」。前向きの姿の影響は少ない。すべて生い立ちの問題と絡む形で問題が出てきていると考える方が自然であると理解いただいた方がいいのではないかと思います。

質問　大阪市で起きた5の事例にショックを受けました。こういう事件が起きると、ワンパターンに「親が悪い、児童相談所が悪い」と。先生も手厳しいご指摘があり、後輩の方々にもっとしっかりせよと激励の意味もあるかと思いますが。ただ三〇年の懲役をしても何の解決にならないと思います。このお母さんが追い詰められた時、シグナルをスムーズに発して、お母さんがもう一回、やり直しができるような環境づくりができないかと。私は貧困問題をやっていますが、生活保護を受けて資格をとって子どもを保育所に預けて働ける環境とか、女性が、ひとり親になった場合、てっとり早いのは水商売へと誘導していくわけです、社会的に。そういうことを予防するとか、一旦、そうなりかけた人のシグナルを、いかに早くキャッチするか。もう一回、やり直しができる環境づくりをやらないと、いつまでも同じような事件が起こる。児童相談所と親が非難される、懲役何年とか。制度は改善されているとは思いますが、虚しさが生じるところがあります。それについての先生のご意見はいかがでしょうか。

津崎 難しいところです。日本の母子家庭の状況は惨憺たるものです。行政が何とかできるような政治の動きがない。母子からも手当とか税制上の便宜をとってしまうとか、一時、生活保護の母子手当もとるということで政治的な争いになりましたけど。貧困層の人の貧困防止対策の制度は少しはできましたけど、政治がそういう層を豊かにする政策とは違う方向にいっているように思います。企業がクビを切りやすい制度を整えていく。昔は一億総中流といっていました。そんなに貧乏人はいない、金持ちもいない。総中流だと。

今の政治は格差を広げる政策をとってきました。小泉政権の時に厚生労働省の社会福祉審議会委員をしていましたが、席上で税制度の説明があり、「金持ちの税金を低くする。貧乏人から広く浅くとる」。私は思わず手を上げて「反対と違いますか？ 金持ちからとって貧乏人には税を低くする」「いや違うんです。金持ちは安くして貧乏人から広くとるのが政府の方針です」と説明されました。アメリカの格差社会を当時、勉強していましたね、財務担当は。格差を広げる、企業としては使いやすくなる。労働力切り捨てで。

昔は労働者の生活は、ある程度企業がみていた。住宅保障とか、子どもが大きくなると年功賃金にするとか。今は使い捨てで、後はその人たちがどうなろうと知ったこっちゃない。そういう底辺層を拡大する政策がとられて、そこに母子がはまりこんでいく。財産のない高齢者、若者でも技術がない人たちも。そういう社会をつくるという大きな流れがあって、そこにはまり込んでしまう人たちを、どれだけ実のある形で救済できるかは、かなり難しいテーマです。そういうところにはまりこむと普通に働いてもギリギリの生活でワーキングプアにならざるをえない。生活保護もギリギリですから、ちょっとマシな生活をしようとすると、夜のこういうところにいかざるをえない。

日本の保育は夜に働く人への保育支援はほとんどない。昼間は待機児童○とか政策を打っていますが、夜、働く人は実費で自分でやっていかないといけない。保育料はやたらと高い。その人たちに手が届いていない。なおかつ生活保護で安定的に暮らせるかというと、それもギリギリで、しんどい。夜、働く人をだめだといえるのか。そういう人も含めて子育てをどう支援するか。そういう人に対して夜間保育所を充実させ、保育を保障する政策を、国、行政のレベルで進めていったりしないといけない。

要対協に定期的にアドバイザーでいっていますが、各市町村の要対協で一番問題が多いのは母子家庭です。母子家庭即・貧困です。もう一つは精神不安定の要素を抱えています。そこへ年齢が若いお母さんの場合、男性の出入りがある。そういう問題が各市町村区域でもあって、そういう不安定さが子どもに直に反映します。場合によっては虐待になる。それをどう支えるかはかなり難しく、有効な手だてが見えないのですが、ちょっとは行政も貧困対策防止法とかやっているけども、本腰でないような気がする。本腰の方は、格差を広げる政策にいっているから、どうしたらよいのか、難しいなと感じます。

福祉をやっている人間は北欧のような社会がいい。金持ちも貧乏人もいない、最低限の保障がされる。だけど今の経済界、政治、官僚のトップは全然、そこを志向していません。格差のある社会の方が、活力があると考えています。アメリカとか中国、インドの格差社会をモデルにして北欧なんか考えていません。そこは最後は政治闘争しか解決の方法がないのかなと思いますが、今の安倍政権、人気があります。これも難しいなと思って。どういう社会戦略をとるのか、皆さんがいろんな生活を見ながら最後は選挙で、どこの政党を支持するかにかかってくると思ったりして。なかなか回答できません。

質問　情報共有について。事例2、二〇〇六年の長岡京市の餓死事件で京都市も含めて対策の報告書が上げられたと思います。そこには連携の発想はなかったと思います。二〇〇八年、京都市中京区で乳児死体遺棄事件があり、報告で「警察も含めての連携が必要だ」としっかりとまとめられ、一般公開されたと思います。その後、全然変わらず、京都市で二〇一三年には虐待が九六〇件とどんどん増加している状況がある。報告書で、どう予防ができるかとまとめられているにもかかわらず、同じことの繰り返しのように感じますが、情報共有はどこまでされているのかなと。

津崎　一般論では単独の機関で対応してはいけない。機関連携で情報共有もしつつ、チーム支援の意識は高まっていると思います。ただ役所の問題は人が代わることです。児童相談所でも全国平均では勤務期間は三〜四年です。所長は二年で代わる。人が育たない。国も問題意識をもって、定着できないかと考えてはいますが、人事権は自治体です。自治体のエリートの人、人事権をもつ人たちの共通した考えは、あまり一カ所においたらいけないという考えです。一カ所にいるとその人間が成長しない。役所の人間は転々として能力を上げていって、いい仕事をする。そういう人たちが人事を動かしていますから、定着させるという考え方はない。

現場にいた時に組織として専門性をキープしようとすると最低一〇年はいる。当時、私が係長の時、人事当局者と直談判して「一〇年、人を動かさない」と口頭で約束をして一〇年、動かさずに対応をしてきましたが、全国的には数年で代わる。大阪市もそれは崩れてきている。公務員で一つのところに定着するのは、かなり難しい。そのため研修しても、研修しても、賽の河原の石積みみたいに、また人が代わる。組織として専門力を高めるのは難しい。

虐待件数が増えていることとは違う要素もある。全国的に件数が増えているのは発見率が高いことと、家庭基盤が弱くなっていることではないかと思います。特に地方より都市部に多い。孤立した家庭に多い。ハンディを抱え、孤立した家庭が都市部に多くなっていて、サポートがうまくいかない。結局、家の中の弱いところに、とばっちりがいく。行方不明も問題になっていまして、行方不明の子どもを抱えたケースが結構あります。わからないのです。国はどうしているか。虐待が起こってしまってから対応しても、うまくいかないので、予防的に対応しようという考え方が強くなっています。

「こんにちは赤ちゃん事業」といって、子どもが生まれると全戸訪問する。課題がある家庭はフォローアップする。今は生まれてからでは遅い。特定妊婦、妊娠中に課題がある人は、そこの時点から支援にかかわっていく。早期対応していくことで対応力を強化していく方向にいきつつあります。虐待が起こってしまってからの対応はエネルギーもいるし、うまくいかないんですが、こういう支援で早くからいくと、かかわり、関係性がうまくいって十分にフォローできれば、そういうアプローチがいいと、私も現実的には思います。

質問　子どもが虐待を受けて支援を行う施設の仕事をしていますが、要対協と児童相談所の連携についていかがなものかと思いながらいたんですが、いくつかの要対協でスーパーバイザーをされていると。児童相談所の現状、要対協との連携について、あり方も含めての思いやお考えをお聞かせいただければと思います。

津崎　要対協は各市町村に一〇〇％近くあります。だけど地域格差は大きいです。法律上は児童相談所が要対協をアドバイスし支える形ですが、児童相談所は手いっぱいですから各二四区の要対協を支えきれない。私の所属する児童虐待防止協会が大阪市に働きかけて、それを私たちNPO法人が支えるために予算をつけてくれと申し入れました。四年目ですが、年間一三〇〇万円の予算をつけ、私たちスタッフが二四区にアドバイザーとしていく事業をしています。

　これからも行政の職員はどんどん変わっていきます。民間の方が変わらずにおりますから、そこと行政がうまくタイアップして行政は形をつくるけど、中身がない。中身の部分を民間が引き受ける形を、もう少し広げていくのが現実的かなと考えています。刑務所でもプログラムをつくるのは民間がやったり、再犯防止のために福祉的支援をやったりしています。中身のノウハウの部分を行政に直にやらせても難しいかなと思っていまして、その意味では民間と行政の協働のあり方が、これからの課題になるのかなと思っています。欧米でも中身は民間がやっています。日本も徐々に、そうなっていくのかなと思いますが。

質問　児童相談所の対応の仕方とかを見せていただいて、1、2、4、5、7の事例は明らかに母子家庭から出ている。1、2も継母となっていますが、実母はなぜ子どもを手放したのか。手放さなかったら母子家庭だった。母子家庭でやっていくのがすごく大変ということで多分、子どもを手放したんだと思うんです。母子家庭への支援、児童手当は子どもが何歳から何歳までと、一時、民主党が出すようになっていましたが。

母子家庭支援がもっとあれば、継母でなくても済む。必ずしも実母だったら虐待しないということはないですが、経済的なことも含めてストレスで追い詰められて子どもを虐待する形になっているのではないか。すべてそこにきているような気がする。とはいえ、子どもからすれば施設にいる時間を長くするより、親子がいっしょにいる時間を子どもは好む。夜間保育所を伸ばすとか、昼間も優先的に母子家庭が使えるようするとか、働きやすくするために保育所の時間を延ばすことは本末転倒ではないかという気がします。

教育関係でいくと、高校では家庭科は男女必修になっている。進学校では表面だけやっているとは思うんですが、若い人たちが子育ての現場を見るとか体験することが欠けている。子育ての仕方がわからないという。家庭科教育が二単位として、それに保育所実習を含めた保育事業を男女ともに学ぶ。かつてのように女子が家庭科必修ではだめで、男女必修だから、なおさら家庭科で保育授業を十分させることで子育てに対する体験学習を支援する方策をとるのも一つではないかと思います。今のように競争社会で幼児期から学習塾とか習い事にいかせることより、情操教育、点数化できるものではないのですが、もっと情操教育の充実をする、幼稚園も保育所も。人間性がきちっと育ってないと、こういう問題が起きてくることも一つある。対症療法ではなく、子どもから親になっていくわけですから。そんな気がしているんですが。

津崎　人間性をどう育てるか、そこは重要な部分で、時代の流れの中で、そこが育ちにくい状況が広がっている。今の人たちはパソコンとかスマートフォンとか操作が上手です。操作で対象を変えたりすることに慣れています。以前、エリートの親御さんにあって「自分は何でもできたんだけど、子育てほど自分の思いどおりにならない経験は初めてだ」と話していました。相手は生身の人間ですから操作ではできない。操作で慣れている人ほど、操作どおりに動かせないからどうにもならない。知識の学習ではどうにもならない。経験を積まないといけない。

今は経験より知識を求めますから、頭でっかちの人もいる。知識と体験を積みあげる教育なり、育成にウェイトを置かないといけないのではないか。娘が三歳の子どもの世話をしていますが、ママ友の話を聞くと「子どもがいうことをきかないと、これを見せるねん」と。スマホで「鬼がでて誰や、いうこときかへんのは」というのがあるらしいです。なんでもかんでも、それを使ってやるとか、操作する子どもになっていく。そういう体験ばかりできている人たちが増えています。

虐待の一つの背景には、未熟な親が増えてきて、子どもが泣いたり、いうことをきかなかった時、どうしたらいいかわからない。結局は叩くか、ほったらかしにするという、まずい対応になってくる。そこは重要なところです。学校教育も若干、気づいていて、体験型の学習を採り入れようとしている。保育実習とか。生活の部分で削がれているのを意図的に体験型のものを入れていかないと育たないのではないかという気がします。その部分は同感です。異論はありません。

司会　いろいろ重要な問題で議論はつきないと思いますが、時間になりましたので、これで今日の例会は終わります。津崎先生、どうもありがとうございました。

（花園大学人権教育研究会第89回例会・二〇一四年十月十六日）

〝国権vs人権〟の現況を考える
――来し方行く末への「私の責任」において

八木晃介

1●はじめに

私が生まれたのは一九四四年九月ですから、もちろん直接的な戦争体験は何一つもっていません。けれども戦争末期の強制疎開とその後の日常生活というものは、部分的な記憶しかないにもかかわらず、やはり間接的ながらもそれなりに強烈な体験であったと思っております。

ご承知のように京都市では爆撃による延焼を防止するという口実で、堀川通と御池通、それから五条通の道路拡幅が実施されました。私の生家は堀川通六角にありまして、ものの見事にこれにひっかかってしまって、一九四五年二月、私が生まれて五カ月後に命令が下って、わずか一週間ほどしか猶予がない中で、何の保障もないまま、あたふたと立ち退かなければならなくなりました。敗戦の半年前ということになります。

誰が言った言葉かは忘れましたが、「国家権力というものは、国家体制が崩壊する直前に自国民に対して最も暴圧的、暴力的になる」と。まさに実際その通りだったと思います。レベルは違いますが、戦争末期の沖縄は、まさにその典型的な暴圧、暴力の下にあったように思います。

琵琶湖から注ぐ瀬田川のほとりが疎開先でした。現在は大津市に編入され、都市化も進んでいますが、当時は純然たる農村でした。ほとんど頼るべき縁者もないまま、かなり無謀な疎開に親は踏み切ったのだと思いますけれども、そこで案の定、相当苦難に満ちた疎開生活を強いられざるを得なくなったわけです。私の父親は友禅染関係の職人でした。言ってみれば絵筆より重いものをもったことがないという生活をしていたのが突然、純農村地帯で荒れ地を開墾して農業をやろうというわけなんですけれども、できるわけがないですね。せいぜいサツマイモを植える程度の、あれは誰にでも簡単にできますが、それではとてもじゃないが家族の生活を養えるようなものではありません。

戦争が始まる前までは友禅関係の、和服関係の仕事で相当稼いでいたみたいで、余裕があればかなり高価な和服、着物をいっぱい買いこんで母親に渡していたようです。和服の蓄えはかなりあって、その着物を一枚一枚お米と交換するわけですよね。それで一家の糊口をしのぐという生活をやっていたのですけども、たくさんあったとはいえ無尽蔵ではありませんので、やがて交換する着物も底をついてしまうことになります。一軒だけ親切なところがあったんですが、それ以外は本当に冷淡だったと記憶します。交換すべき着物がある間は、まだ比較的親切に取り扱われたわけですけれども、それが底をついてしまった途端にものすごく冷淡になる。そういう村人にとっては、私の家族は余所者以外の何者でもない、邪魔者以外の何者でもないということになりました。

私自身、今日初めてここで口にすることなんですが、当時のことで鮮烈なシーンが記憶にあるのです。それはお米をわずか一升借りるために村の中を徘徊する母親と、その後ろについて歩く自分自身の姿です。多分、四歳くらいの頃だったと思います。まだ物心はちゃんとはついていなかったかもしれませんが、そのシーンははっきりと記憶しています。そういうわけで私の物心は惨めさとともに出発したと思います。

のちに私、新聞記者になってからのことですが、かなりラディカルな教育評論家だった、故・丸岡秀子さんと対談させていただいた時に、丸岡さんは信州でのそれこそ惨憺たる生い立ちをしているんですけども、その時のことを彼女は「骨身に沁みる貧乏」と表現しておられました。局面は異なりますけども、私自身もこの貧乏はこの身に沁みたと思います。一体全体、母親がなんのつもりで物乞い同然の道行きに私を同道させたのか、簡単に想像はつくんですけれども、それを口にするのが怖くて、ついに母親が死ぬまでこのことを話題に乗せることはありませんでした。

こういうことが私の戦後・戦争体験なんですけれども、その中身はいってみれば被害者体験なんですね。確かに、私の個的な体験としては被害体験なんだろうけれども、しかし類的な私たち日本人という存在を考えた時には同時に加害体験が存在しているわけで、そうした類的な私たちの加害体験が、いわば歴史必然的に、この個的な被害体験を生み出したのだという程度の自覚を私はもっているつもりです。

そのことをわりとしっかりと認識して一定の政治行動に参加したのは一九六〇年です。一九六〇年四月に二条城の西に隣接する府立朱雀高校に入っているのですけれども、入ったばかりの一九六〇年四月から五月にかけて、言うまでもなく日米安全保障条約、安保条約粉砕デモに参加した時です。安保条約は明らかに憲法に抵触する軍事同盟ですね。アメリカへの軍事的属国化を示すものだと感じて全学連主流派の京都府学連のお尻にくっついて円山音楽堂から祇園石段下そして京都市役所のコースをかなり頻繁にデモしました。高校生はさすがに少なかったですが、それでも朱雀高校とか洛北、鴨沂《おうき》から一〇数人ずつくらいは集まっていたように記憶しています。六月一五日、この日もデモに参加していてヘトヘトになって家に帰ってきて、テレビかラジオか忘れましたけども、「東大の樺美智子さんが死んだ、殺された」と聴きました。まったく見ず知らずの人の死に初めて私は涙を流した記憶があります。

それ以後、毎日新聞記者生活の二四年半（社会科学と医学を担当する記者でした）、その後、二三年間の花園大学での教員生活（ここでは差別問題の社会学、医療社会学を中心に担当してきました）を通じて、一応とにもかくにも反戦・反差別の思想を、ある程度一貫して維持してきたつもりですが、しかしながらこの国の現在の思想状況は非常に暗澹としているわけで、もはや「戦争できる国」どころではなく安倍さんの言動を見ていると「戦争したい国」になりつつあるように見えるのです。

今年、二〇一四年九月に私は「古希」を迎えたわけですけれども、この状況総体については、もちろん個人的には批判を強めているのですが、しかし同時に、物心ついて以来、今日に至るまで、一体、私自身は何をしてきたのか、何をしてこなかったのか、ということを痛切に自己批判せざるを得ないと思うのです。この批判と自己批判は、どこまでも主観的なものかもしれないのですが、しかし、この暗澹たる時代の中で改めて「国権と人権」との付置状況・対抗関係について考えることには一定の普遍的、歴史的な客観性があるのではないかと思います。

2●「戦争できる国」から「戦争したい国」へ

どんな戦争でも人と人とが殺しあう、殺戮の応酬として展開するものですから、根本的に反人権的・非人権的な行動であるわけです。戦争自体が非人間的な行動であるわけですから、その中で個々具体的に展開される軍事行動も、また同時に非人間的な営みになる宿命を負っていると思うのです。ユダヤ民族とか、あるいは差別的には「ジプシー」と呼ばれるあのシンティ・ロマの民族に対する、ナチスのホロコーストとか、この国のアジア各地における大虐殺行為とかはすべて非人道的でした。この中にはナチス医学による人体実験や、日本の関東軍七三一部隊の人体実験も含まれますが、そういったホロコーストなどは、ごく一部、一例だと思うんですね。ドイツでは戦後、特にナチス医学の強烈な人体実験について相当痛切な反省があり、そこで「尊厳」という概念（もともとは宗教的な概念だと思うんですが）を法律概念として用いるようになりました。だが、この国では戦後七三一部隊に協力した、あるいは七三一部隊それ自体を構成した医学者たちの生体実験についてはなんら罰せられることはなかったし、本人たちも全然、反省していない。それどころか戦後医学界の中心を占めたという事実があります。ドイツとは反対に尊厳概念は非常に定着しにくくなってしまったと思います。

現行の日本国憲法第九条第一項には戦争とは「国権の発動たる戦争」と規定されている。戦争は「国権の発動たる戦争」以外の何ものでもない。したがって人権侵害の最たるものである戦争が国権の発動の典型的な具現である以上、人権と国権の鋭い対立は戦争において最も具体的に表面化すると思うのです。『社会学事典』(弘文堂)によると戦争とは「ある政治目的のために政治、経済、思想、軍事的な力(ゲバルト)を利用して行う集団間の闘争」と定義されています。

戦争を大きく分けると「対内戦争」、つまり内戦とか革命。それともう一つは「対外戦争=国際戦争」に分けることができると思います。この対外戦争というのは国家あるいは国家集団が他国の領土の一部あるいは全部を獲得するために、あるいは対外的な利益を手に入れようとして争う場合であって、第二次世界戦争以後はむしろ内戦あるいは革命、すなわち対内戦争の方がはるかに多く、しかし、その対内戦争の半分くらいが、大国が干渉することによって対外戦争、国際戦争に転化していったといえると思うんですね。今後の戦争、あっちゃいけないわけだけど、今後の戦争もおそらくは大国が干渉するタイプの紛争形態を多分とるんだろうと思います。核時代の現在ですから全面戦争は到底不可能だということはわかりきっていることですから、大国が干渉する形での局地紛争、局地戦争の形をとるだろうと思います。

「国権」とは国家権力の略語ですが、それが意味するところは結局のところ、一定の政治体制の中で一定の地域社会のすべての集団とか組織の上部にあって、そのメンバー全体を拘束する決定をする行い、それが「国権」というものですけれども、現実にはそういう決定をできるだけ能率的に実施する「官僚組織」と、その決定をメンバー全員に強制する警察や軍隊という「暴力装置」、その複合体として国権を理解することができると思います。

政治というのは、誰が何のために何をどのようにして支配するかのテクニックですね。逆にいえば服従を獲得するためのチャンス。誰が何のために何をどのように支配するかの実態とプロセスを意味するわけです。その政治の遂行が国家権力の行使そのものということになるんですね。近代以降、とりわけ第二次世界戦争以降は、その国家権力の統治機構が人々の基本的人権を保障するために設定されるという、つまり「国民主権」原則、そのタテマエが一応は共通の国際理解になったと思うのですが、この国の場合も日本国憲法が国権、国家権力を監視するという、いわゆる「立憲主義」の立場に立っていることになっているんですね。

しかし国家権力による現在の政治を、一切のイデオロギー部分を、あるいは政治的神話の部分を除いて、リアルに見れば、それはいわゆる「国家独占資本主義」を擁護するものとして機能しているだろうと思います。国家独占資本主義、めちゃくちゃ固い言葉ですが、簡単にいってしまえば国家と独占資本が癒着しているということです。そういう段階の資本主義のことですね。国家が規制とか財政投融資とか、税制操作とかを通じて独占資本の最大限利潤追求を保障するというのが国家独占資本主義ですね。まさに現在のこの国のありようは、それなんですね。

二日ほど前の新聞に出ていましたが、巨大企業がどれぐらい自民党に寄付しているか。ものすごいお金ですね。間もなくまた法人税減税が行われるという事前のプレゼントですね。一九八九年に初めて消費税三%が実施されました。その三%、どうなったのよ、ということなんですけれども、当初は全部社会保障に使いますということになっていましたが、それに使われていない。その消費税三%を設定して施行した一九八九年に法人税減税をやっていまして、ちょうど消費税で獲得した金額と法人税減税分と全く同じだったというからくりがありました。国家独占資本主義とはそういうものだということなんですね。

そのような内実をもっている国家権力(国権)の発動である戦争をどうやって食い止めるのか。それが今、この国における最大の人権課題であるといえるのではないかと思いますし、私自身、この大学で四コマ授業を持っていますが、「人権総論」では反戦・平和教育をある程度、意識しながら進めているつもりです。がしかし、その前提として考えられるべきは「国権」と「人権」の関連性なんですね。人々を国家の手段、道具、あるいは国家の一部とみなして国家のために活用する立場が「国権主義」です。それに対して人々と国家の間には根源的な緊張関係があり、人々の権利に対する国家の介入に最大の警戒を払う立場、それが「人権主義」だと思うんですが、この二つの間、「国権主義」と「人権主義」との間には、天地の開きがあることはいうまでもないことです。

たとえば戦前の大日本帝国憲法も一応は形式的に権利を認めていたのですけども、それは天皇の統治に服従する臣民の権利として承認したに過ぎないのであって、法律によってどのようにでも人々の権利を制限することができたのですね。ちょっと極端な例かもしれませんが、あの治安維持法が治安維持法の立法主体の考えを超えてもっと広く適用された。その結果、戦後、総理大臣になった単なる自由主義者でしかなかった吉田茂さえ軍機保護法違反などの容疑で逮捕されるということが起きているわけです。

一方、今の日本国憲法は「主権原理」を転換させた。つまり戦前の「天皇主権」から「国民主権」に転換した。そのことに見合った形で人間の尊重をベースに「人類に普遍的で永久不可侵の人権」を宣言したわけですね。そこにおいて「人権」は一応、憲法上、強力な保障を与えられることになったわけです。憲法九七条にこう書いてあります。「この憲法が日本国民に保障する基本的人権は、人類の多年にわたる自由獲得の努力の成果であって、これらの権利は過去幾多の試練に耐え、現在および将来の国民に対し犯すことのできない永久の権利として信託されるものである」と規定してあります。ただ今の憲法が完全OKということではありません。国民って一体誰のことやという話もありますし、そういうことを考えると完全じゃないし、まして「天皇条項」があるわけですから完全なものではないんですが、それでも九七条では「人権保障の本質を変更する改憲は許さない」、人権保障の本質を変更する法律の制定は認められないと明示しているわけです。

今の憲法が全体として崩壊の危機にあることは後でも触れますけれども、自民党が二〇一二年、

「日本国憲法改正草案」を発表しました。読売新聞社が二〇〇四年、「憲法改正試案」を発表しました。産経新聞社も二〇一三年、「国民の憲法要綱」を発表しました。自民党のものも読売新聞、産経新聞のものも、まるで申し合わせたように九七条を全面削除しています。その狙いが「基本的人権の永久不可侵性」を相対化する、あるいは否定する。それを通じて反射的に「国権の極大化」を図るところにあるのではなかろうかと私は思います。

安倍内閣は二〇一三年一二月に「特定秘密保護法」を公布しました。そして二〇一四年一二月一〇日、なんと世界人権デーですけども、一二月一〇日に発効します。二〇一四年四月には「防衛装備移転三原則」を閣議決定した。それまでは「武器輸出禁止三原則」があって、そこではどういうところに武器を輸出してはいけないか、三原則があって、一つは共産圏に武器を輸出してはいけない、二つ目は国連が決めた地域に武器を輸出してはいけない、三つ目は紛争当事国に武器を輸出してはいけないとなっていましたが、アメリカというのは年中どこかと戦争している、常時紛争当事国で、そこに武器を供与できないのはまずいというわけなんですね。そこが中心だと思いますけども。七月にご存知の通り「集団的自衛権行使容認」を閣議決定した。そして間もなく、新しい「日米防衛協力試案」、いわゆるガイドラインを新しいものにする予定です。ある種、戦争準備といっていいものを着々と進めていて現行憲法は実に骨抜き状態になりつつあるわけです。

「特定秘密保護法」の対象となる秘密とは「防衛」と「外交」と「特定有害活動」と「テロ」ですね。特定有害活動ってなんなんだろう。定義がないのでわからないんですが、多分スパイ行為などが中心だと思います。あまりにも範囲が広すぎて曖昧。しかも何を秘密にするかというのが行政機関の恣意に委ねられるので「報道の自由」も人々の「知る権利」も根底的に制限される危険性をもっていると思います。

この特定秘密保護法を閣議決定した時の担当大臣は森雅子です。この人が記者の質問に答えて「沖縄返還密約も当然、保護規制範囲に入る」と言いました。一九七二年、沖縄が日本に返還される時に日米両政府間に密約があった。一つは緊急事態になればアメリカは日本国内に核を持ち込むということです。もう一つは返還するに際して返還する米軍基地の復元補償費、約四〇〇万ドルを本来はアメリカが払わねばならぬものですが、それを日本政府が肩代わりするという密約ですね。これを毎日新聞の西山太吉記者が暴露した。そして国家公務員法違反で新聞記者が罰せられ、未だに毎日新聞社と西山記者の名誉回復が成り立っていないわけです。そういう意味で考えれば「特定秘密保護法」はすでに成立していると言っても言い過ぎではないだろうと思います。

「集団的自衛権行使容認」も、あまりに露骨な解釈改憲といわなければならないと思います。定義は「ある国が武力攻撃を受けた場合、これと密接な関係のある他国が共同して防衛にあたる権利」。非常に抽象的なんですけど、実質的にはいつでもどこかで戦争しているアメリカが攻撃された時、自衛隊が米軍を支援することを意味しているわけです。日本は喧嘩を仲裁するのではなく、喧嘩を買って出るということを意味します。しかも「日米防衛協力ガイドライン」によると平時から緊急事態に至るまで切れ目なく地球上のどの場所においても米軍に戦争協力をすることになるわけです。

以前は一応、「周辺事態」とある程度限定されていたんだけれども（それ自体も問題ですが）、今度は「どこでも」ということに変わるわけです。

政府は一応「国の存立が脅かされ、国民の生命、自由および幸福追求の権利が根底から覆される明白な危険がある場合」のみ自衛隊の武力行使が認められるとし、だから歯止めがかかっているといっているんだけれども、どういう事態が「明白な危険がある場合」なのか、定義は一切ないわけですから、実質的にはその時々の政府の恣意的な判断に委ねられざるを得ないことになります。集団的自衛権行使容認も新しいガイドラインも、いうまでもなく今の現行憲法に違反するわけですけれども、それだけではありません。

あまり誰も指摘しませんが、実をいうと、この「集団的自衛権容認」とか「新日米安保ガイドライン」は国連憲章と日米安保条約それ自体にも違反しています。どういうことかというと、「日米安保条約」第一条に「締約国（日米両国）は国際連合憲章に定めるところに従い、それぞれが関係することのある国際紛争を平和的手段によって国際関係の平和及び安全並びに正義を危うくしないよう解決し、並びにそれぞれの国際関係において武力による威嚇又は武力の行使を、いかなる国の領土保全又は政治的独立に対するものも、また国際連合の目的と両立しない他のいかなる方法によるものも慎むことを約束する」。要するに、「国連憲章」でも「日米安保条約」でも、そういうことはできないと書いてあるわけです。

だが、自民党政調会が二〇一三年五月に出した「新防衛計画の大綱策定に係る提言」を見ると、「従前から法理上は可能とされる自衛隊の策源地攻撃能力の保持について検討を開始し、速やかに結論を得る」と書いています。「専守防衛」自体、違憲の疑いが濃いわけですが、それにさえ違反することを明らかにしたわけです。「策源地攻撃」というのは、ちょっとややこしい言葉なんですが、簡単にいうと敵の基地を攻撃をするということであって、自民党政調会があえて「策源地攻撃」という言葉を用いたのには、おそらく戦前型の軍隊の常套手段、つまり先制奇襲攻撃への先祖返りを目論む姿勢があるんじゃないかと思うんですね。

ご承知のように日清戦争と呼ばれる戦争では最初の一発目を撃ったのはもちろんこの国で、宣戦布告一週間前ですね。日露戦争の時も、仁川港に停泊していたロシア艦隊に一発目を撃ち込んだのは宣戦布告の前日です。真珠湾攻撃も宣戦布告より前にやる。しかも真珠湾攻撃をする三時間前にはイギリス領になっていたマレー半島に奇襲上陸作戦を敢行したわけですね。日中一五年戦争は宣戦布告さえない戦争であったわけです。一九三一年の「満州事変」、あるいは翌一九三二年の「上海事変」、一九三七〜四五年までの「支那事変」、これは戦争ではなく事変という形で扱われたわけですね。宣戦布告のない戦争は、いつもその口実は「居留民の保護」ということになっていました。先にふれた自民党政調会の「大綱提言」ではやはり「在外邦人に対する自衛隊員による陸上輸送をする。そのための立法化が必要」とうたっているわけです。

「戦争できる国」「戦争したい国」に突入するために自民党と右派系メディアは本丸である憲法改悪に着手しています。日本国憲法前文にある「国政は国民の厳粛な信託によるものであって、その権威は国民に由来し、その権力は国民の代表者がこれを行使し、その福利は国民がこれを享受する。これは人類普遍の原理であり、この憲法はかかる原理に基づくものである。我らは、これらに反する一切の憲法、法令、および法を排除する」という前文に対する露骨な挑戦でもあると思います。

憲法改悪をめざす自民党草案は現行憲法第二章「戦争の放棄」の表題を「安全保障」という言葉に置き換えました。第一項の「戦争放棄」条項は残したけれども、最も重要な第二項、「戦力の不保持」、それから「交戦権不許可」を完全に削除した。その代わりに新しい第二項をつくって「前項規定（戦争放棄条項）は自衛権の発動を妨げるものではない」を設定しました。そのことによって「集団的自衛権」を容認する条項にしているわけです。

さらに第九条に「内閣総理大臣を指揮官とする国防軍を保持する」という規定を新しく設定し、正式な軍隊の設置を宣言しました。この国防軍は「我が国の平和と独立ならびに国民の安全を確保するための他、国際的に協調して行われる活動および公の秩序を維持し、または国民の生命もしくは住民を守るための活動を行うことができる」と記していますので、アメリカのためだけの「集団的自衛権行使」ではなく、国内の治安出動も国防軍の任務として位置づけているわけです。九条の最後には「領土等の保全等」という新しい項目をつくり、「国は主権と独立を守るため、国民と協力して、領土、領海および領空を保全し、その資源を確保しなければならない」と規定しました。これは明らかに尖閣諸島・竹島問題を意識しての項目ですが、注目するのは「国民と協力して」という文言であって、これは、おそらく徴兵制の実施に暗に含みをもたしているのではなかろうかと思われます。

自衛隊の前身は保安隊で、そのまた前身は警察予備隊ですね。警察予備隊が保安隊になった。そこまでは警察の補完機関だった。それが自衛隊になった時、国防という新しい任務につかないとならんわけですから、当然、任務の転換に伴い、隊員たちは新しい宣誓をさせられるわけですね。「国防の任務にあたります」みたいな宣誓をさせられる。ところが宣誓を求められた全隊員の六%にあたる七千数百人がこの宣誓を拒否して、保安隊員から自衛隊員になることを拒否して退官したと伝えられています。

そこから思うに、集団的自衛権の行使容認に伴い、自衛隊法とか関連法規がこれからどんどん変えられていくと思うのですが、アメリカのための参戦が現実化する事態にもしなったらば、かなりの自衛隊員は退官するのではないか。別に戦争するために自衛隊員になっているわけじゃないし、ましてやアメリカのための戦争で命を落とすために自衛隊員になっていると思っていない。かなりの部分が自衛隊員であり続けることを辞めるんじゃないかと予想される、期待もされるんですけども。しかしその時点で、多分、徴兵制が考えられてくるだろう、現実性を帯びてくるだろうと思います。

読売新聞試案では現行の第二章「戦争の放棄」が三章に移って自民党の草案と同じように「安全保障」という言葉に置き換えられ、第三章第一二条第一項はこうなっています。「日本国は自らの平和と独立を守り、その安全を保つため、自衛のための軍隊をもつことができる」。読売新聞は一応「新聞」ですよ、その試案です。そしてさらに「必要な場合は公務員を派遣し、軍隊の一部を国会承認を得て協力させることができる」としています。「国防軍」という言葉は用いていないのですが、国防軍以外の何ものでもないわけです。しかも「国際協力」。「国際協力」といっても、その内実は対米協力なんですが、「国際協力」という名のもとにアメリカのための海外派兵も可能にするという怖い内容になっています。

産経新聞の要綱は一層、好戦的で第三章は「戦争の放棄」でも「安全の保障」でもなく、露骨に「国防」となっています。一六条第一項で「国の独立と安全を守り、国民を保護する国際平和に寄与するための軍を保持する」としている。徴兵制については現状では不要だとしていますけれども、第九条において「国民は国を守り、社会公共に奉仕する義務を負う」と明記していますので結局、国民の国防義務を規定し、徴兵制については立法措置に委ねるという形で実現可能性にも言及していることになります。

このように自民党及び右派系マスメディアは現行憲法第九条に明記された「戦争の永久放棄」「戦力の不保持」「交戦権の否認」といった理想を少しずつ、あるいは大幅に変えていくという方向に進んでいるわけですね。この動向が、下手をすると、今度の選挙次第というところがあるんですけれども、国権の発動たる戦争がかなり現実味を帯びてくる。それは反射的に人々の人権を鋭角に狭めていくということに連動せざるを得ないと思います。

3●憲法改悪策動と人権の狭隘化

人権という概念のベースには「尊厳」という概念があるわけです。しかし人権もそうだけど、尊厳という概念も極めて抽象的なんですね。定義するのも結構、困難です。キリスト教圏の場合、「尊厳」というのはもともと宗教の根本的な概念として出発しています。つまり「神の似姿」として創造された人間の価値を認めるというそういう意味で「尊厳」という概念が出てくるわけですね。尊厳 dignity は神聖 sanctity と同義ですね。同じ意味の宗教用語であったわけですけれども、先ほどいったようにドイツでは法律用語として定着した。その背景にはあのナチス医学を含むホロコーストへの真剣な反省と自己批判があったからですね。

それにしても尊厳概念の定義は非常に困難で、岩波の『広辞苑』を見ると、「尊く厳かにして犯すべからざること」と書いてあるんですね。尊厳の漢字をひらがなに直して、それにプラスして不可侵を足しただけですから定義とは言えない。この項目を担当した人に能力がなかったわけではなくて、そもそも定義が難しいんですね。国際人権規約の自由権規約を見ても「何人も非人道的な、もしくは品位を傷つける取り扱いを受けない」とあるだけで「尊厳」の定義というよりも尊厳を犯すのはどういうことかというのを消極的に記述しているにすぎないわけです。

「尊厳」という言葉を法律用語として定着させたとされるドイツの連邦最高裁判所でも「人間の尊厳に違反するのは〜の場合である」というわけです。「〜」にあたるところには「人間が客体、単なる手段、代替可能な存在に貶められる時、人間の尊厳に対する違反が存在する」と、いくらか具体的ですけれども、しかしここでも尊厳自体の定義ではなく、どういう場合に尊厳が傷つけられるかを消極的に定義しているといえます。同じように「人権」の概念もなかなか難しくて、私自身も無理に人権を定義しないで、むしろ「人権」という概念は「あれこれの人権侵害の残余概念」と捉えた方が現実的ではないかと考えて大学での授業の中でもそういう視点に立って講義を進めています。

「戦争のできる国」「戦争をしたい国」になろうと画策している自民党、右派メディアが、国権が発動されれば連動的に狭くなってしまう現行憲法の基本精神、つまり「国民主権」「基本的人権」それから「平和主義」、このうちとりわけ「基本的人権」をどういうように捉えて、どういうように変えようとしているのかを少し見ていきたいと思います。憲法九七条、基本的人権を損なうタイプの法律は絶対認めず、憲法を変えてもいけないという九七条は、自民党の草案も、読売新聞、産経新聞の試案でも全面削除されている。要するに「基本的人権の永久不可侵性」を否定し、そしてそのことを通じて国権を太らせるところに狙いがあることは、ほとんど疑いないと思います。

憲法第三章は、今の憲法も自民党草案も「国民の権利および義務」となっているんですけれども、自民党草案の特徴は「人権」の上位に「公益及び公の秩序」を挙げている点ですね。第一二条は、現憲法では「自由・権利の保持とその濫用の禁止」を定めて「この憲法が国民に保障する自由及び権利は、国民の不断の努力によって、これを保持しなければならない。又、国民は、これを濫用してはならないのであって、常に公共の福祉のためにこれを利用する責任を負ふ」と。つまり公共の福祉のために自由と権利を利用すべきことを説いているんですけれども、自民党草案では同じ一二条の表題を「国民の責務」と書き換えています。ことに一二条の条文の後半部分ではこうなっているんですね。全面的に書き換えて「国民はこれを濫用してはならず、自由と権利には責任と義務が伴うことを自覚し、常に公益及び公の秩序に反してはならない」。

第一三条も現行憲法では「すべて国民は、個人として尊重される。生命、自由及び幸福追求に対する国民の権利については、公共の福祉に反しない限り、立法その他の国政の上で最大の尊重を必要とする」としていますが、自民党草案では「全て国民は、人として尊重される。生命、自由及び幸福追求については、公益及び公の秩序に反しない限り、立法その他の国政の上で最大の尊重を必要とする」と変更しているわけです。要するに、現行憲法は「人権制限として公共の福祉」を挙げているんですが、自民党草案ではそれを「公益及び公の秩序」で置き換えたわけです。

もちろんその狙いは単に言葉の言い換えではありません。公共の福祉、public welfare は人権論の視程においては、いわば社会権の範疇に属する概念だと思うんですね。現行憲法は、社会権の実質的な保障のためにのみ、時に自由権が制限される場合もあると規定していると私は読み取っています。各種いろんな人権が葛藤対立、あるいは矛盾したりする時に、それを調整し調停する、そのためのいわば公平原則、それが「公共の福祉」概念ではないかと思えるわけでありまして、その意味では、人権概念に公共の福祉概念が、もともと内在しているのではないかと思うんです。

たとえば地震とか津波とか大災害が予想される場合。一つの村のみんなが一番逃げやすいところに高層の避難場所の建物を建てるということになった時、その建物が建ったために横に住んでいる人の日照権が妨げられた、これは公共の福祉と個人の自由権の問題ですが、そういう場合はいわゆる〝受忍の義務〟として耐えなければならないということが生じるわけです。日照権で困る人はまあ困るでしょうけど、その人自身も地震や津波の時はそこへ逃げ込むでしょうし、共同体全員がそこに逃げ込む。共通の利益に合致するわけです。そういう場合にだけ制限されるんだという意味であると思います。

この自民党草案における「公益」、公の利益。文字通りの英訳はpublic interestであるはずなんですが、自民党草案の全体的な文脈からすると、それはnational interestですね。つまり国益以外の何ものでもないわけです。かつて星野昭吉さんという政治学者がうまく言っていたのでそれを引用しますが、「national interestつまり国益の具体的な意味は国家の利益、国家権力の利益、少数支配者の利益と等しく、およそ国民の利益、権力客体者の利益、多数被支配者の利益との間には大きなギャップがみられる」と指摘しています。かなり以前の指摘ですが、今でも正鵠を射ているのではないかと思います。

たとえば、一部少数者の利益のために、ニセ満州国をかつてこの国はでっち上げました。にもかかわらず、その後、結果として「満州は日本の生命線」と言い出したわけです。本当は一部の帝国主義者の利益にしかならないのに日本全体の生命線だと置き換えられていく。こういうトリックのようなもの、そういうものがあるわけです。そういう形でnational interestに連動していったということがあると思います。

自民党草案にある「公の秩序」も、いわば支配体制側の想定している秩序を意味しています。自民党草案では体制側の利益、秩序を毀損しない限りにおいて人権を認めると規定しているわけであって、逆にいえば体制側の恣意によって人権をどのようにも制限することが可能であると宣言しているに等しいわけです。

一方、読売新聞の当該条項をみると「国民の権利及び義務」は第五章におかれて、第一六条に「基本宣言」と名前がついてますが、そこでこのように書いているんですね。「国民はすべての基本的人権を共有する。この憲法が保障する基本的人権は犯すことのできない永久の権利である」。ここまではいいんですが、そうしながら現行憲法の同じ条項の文末にある「(基本的人権は)現在及び将来の国民に与えられる」という部分を、読売新聞は削除しているわけです。おそらく今後の改憲、あるいは再改憲の可能性を考慮して「将来の国民」を切り捨てたと思えるんですね。そして「公共の福祉」という概念が消滅しているという点でも自民党草案にそっくりです。

つまり第一七条で自由、権利の保持の責任を規定しながら同時に「国の安全や公の秩序が公共の、国民の健全な生活環境その他の公共の利益との調和を図り、これ(自由・権利)を濫用してはならない」といっているわけですね。国の安全あるいは公の秩序が公共の利益すなわち公益すなわち国益に該当するという点で自民党の草案とかなり共通している。要するに自由とか権利というのは国の安全、公の秩序との調和がなければ濫用にあたると捉えているわけですね。同時に第一八条、個人の尊厳のところでは「すべて国民は個人として尊重されるが、生命権、自由権、幸福追求権は、公共の利益に反しない限りで尊重される」としています。

産経新聞の要綱では「国民の権利及び義務」は第四章に配置されて第一七条の第一項で「基本的人権の保障」を規定しながら次の第二項で、その保障は「国の緊急事態の場合は例外である」としています。国の緊急事態の説明がないのではっきりしませんけれども、産経新聞の日常的論調からすると、おそらく戦争もしくはそれに準じる国家非常時を想定しているんだろうと推察されます。

この産経新聞の要綱には「人間の尊厳」はあっても「個人の尊厳」は全然ないんです。それどころか第一八条として「基本的人権の制限」がテーマ化されています。第一八条第一項は「権利は義務を伴う。国民は互いに自由及び権利を尊重し、これを濫用してはならない」。これ日本語としてちょっとおかしいんですよね。落ち着かないんです。つまり「国民は互いに自由及び権利を尊重し」の次にくる文章は「これを互いに侵してはならない」とくるはずなんですけども、産経の文章では「これを濫用してはならない」といっているわけですから、我々国民としては自由及び権利を尊重すべきなのか、制限すべきなのか、非常に困ってしまうところです。

そして案の定、第一八条第二項「自由及び権利の行使については、国の安全、公共の利益または公の秩序の維持のため、法律により制限することができる」という条項が産経新聞の場合は登場します。つまり国益と体制維持のために人権制限ができるという本音が示されるわけですね。雰囲気的には戦前の「大日本帝国憲法」の復活。「大日本帝国憲法」の第二八条には「日本臣民ハ安寧秩序ヲ妨ケス及臣民タルノ義務ニ背カサル限ニ於テ信教ノ自由ヲ有ス」。次の第二九条には「日本臣民ハ法律ノ範囲内ニ於テ言論著作印行（これは印刷して発行するという意味ですが）集会及結社ノ自由ヲ有ス」とあって、まさに産経新聞要綱は完全に戦前憲法への復帰であるといわざるを得ません。

そして次の第一九条「国民の義務」の第一項はこうなんですね。「国民は、国を守り、社会公共に奉仕する義務を負う」と、さすがの自民草案や読売新聞試案にもなかった「国防義務」が正面に掲げられて産経新聞が明らかに徴兵制の実施を展望しているのがわかってくるんですね。ちなみに「大日本帝国憲法」第二〇条は「日本臣民ハ法律ノ定ムル所ニ従イ兵役ノ義務ヲ有ス」とあった。

最後に今の憲法第一九条「思想及び良心の自由」、第二〇条「信教の自由」、第二一条「集会・結社・表現の自由、通信の秘密」についてそれぞれの改憲論がどうなっているかをみていきます。第一九条、つまり「思想及び良心の自由」のところ、一応、読売新聞と産経新聞は現行憲法通りに「思想及び良心の自由は、これを侵してはならない」とあるんですが、自民党草案では「思想良心の自由は保障する」と変わっています。現行憲法にしても自民党の草案にしても条文の主語は言うまでもなく「国家権力」ですね、国家です。つまり現行憲法は「国家権力による思想・良心の自由の侵犯や制限を禁止」しているのに対して、自民党草案は「国家権力が思想・良心の自由を保障する」としているわけです。これも完全に「立憲主義」の精神に反する。「国家権力が保障する範囲内での思想・良心の自由が認められている」にすぎないということがわかります。

第二〇条「信教の自由」についても、読売新聞と産経新聞の試案と要綱は、おおむね現行憲法を踏襲しているんですが、自民党草案ではその第三項において、「国や国の機関及び地方公共団体による宗教活動」については現行憲法を踏襲しているんですが、しかし例外を設けているのです。「ただし、社会的儀礼または習俗的行為の範囲を超えないものについてはこの限りではない」。この国は明治期以降一貫して今日まで皇室神道とか国家神道は宗教ではなくて、習俗であるということにしてきたことからもわかるように、ここからも皇室神道あるいは国家神道の非宗教性を強調することによって、宗教活動の合憲性を予め条文化しているんだろうと捉えられると思います。

二一条も大変問題です。集会、結社及び言論、出版のところ、自民党草案と産経新聞の要綱がものすごくひどいですね。「人権制限」の項目を新設しているわけです。今の憲法は二一条第一項で「集会、結社及び言論、出版その他一切の表現の自由は、これを保障する」として、第二項で「検閲は、これをしてはならない。通信の秘密は、これを侵してはならない」としているんですが、自民党草案では、第一項はそのままにして、第二項を第三項に移して新しく第二項を起こしています。そこには「前項の規定にかかわらず、公益及び公の秩序を害することを目的として活動を行い、並びにそれを目的として結社することは認められない」と新設しているわけですね。多分これは特定秘密保護法における特定有害活動のことを指し示しているんだろうと思います。

産経新聞の要綱も「国の安全、公共の利益または公の秩序の維持のため、法律により制限することができる」。概ね自民党草案に寄り添っているわけですね。しかしながら産経新聞は一応、新聞社なんですよね。だが、この発想をみるかぎり、ジャーナリズムどころの騒ぎではない、マスコミュニケーションでさえないと言わざるを得ないわけですね。国益とか体制側の秩序を批判・否定するような表現活動とかあるいは結社活動を認めない自民党草案と産経新聞要綱の方向性というのは、まさに戦前型の憲法への復帰というか、瓜二つだと思います。大日本帝国憲法の第二九条は「日本臣民ハ法律ノ範囲内ニ於テ言論著作印行集会及結社ノ自由ヲ有ス」とあったわけで、全くこれと同じだと言えます。

以上述べましたように現在も国権の動向は、一部の右派メディアの後押しを受けながら、この国の人々の基本的人権を非常に鋭角に狭める方向に突き進んでいると思います。もう強制とか剝奪とか暴力の域に達する感さえあると思うんですね。強制、剝奪、暴力といった抑圧は広い意味での人権の要素である自由を否定するものです。あるいは制限するものだ、あるいは妨害するものだ、さらには破壊するものだと思います。かつてクリスチャン・ベイという政治学者が言った言葉ですが、「一般に体制の正当性は、それが自由の拡張を促進するのか、それとも抑圧の拡大を進めていくのかにかかっている」。まさにそうだと思います。そういう意味で現在の体制、国家権力の動向に正当性を見出すことは非常に困難だといわざるを得ません。

もちろん国家権力というのは極めて強大でありまして、個々の一人ひとりの市民にとっても与しやすい相手とはいえないんですけれども、ただ強制とか剝奪とか暴力というのは比較的、見えやすい。マルクスがいう人間疎外、あるいはマックス・ウェーバーのいう「意味喪失」に比べれば、それらは主体にも客体にも第三者にも比較的見えやすい抑圧形態なので、つまり我々はまだ多少は闘えるということだろうと思うんですね。抑圧言説とか抑圧的行動に対してはカウンターアクション、対抗行動を対置する以外に我々の人権を守り、発展させる道筋はないだろうと思います。残念ながら勝てる見込みはあまりないんですけれども。ただこの前の沖縄県知事選はひとつのモデルになると思います。一月には名護市長選で稲嶺さんが勝っていますし、同じ路線の翁長さんが今度の沖縄知事選で圧倒的に勝利したわけですから、まんざらお手上げというわけでもないと思います。

4●国権代行型ヘイトスピーチと人権的カウンター・アクション

最後の話題、ヘイトスピーチの問題に触れたいと思います。国連人種差別撤廃委員会が二〇一四年八月二九日、日本政府に対してヘイトスピーチを行った個人、団体についてちゃんとした捜査を行い、そして必要な場合は起訴すべきだと勧告し、差別の禁止に向けての法整備を行うようにと求めたことは周知の事実です。もちろんこの国も一九九五年、人種差別撤廃条約に加盟しているわけですけれども、ただ条約の第四条、ヘイトスピーチの禁止にかかわるところですが、これについては「言論表現の自由」との兼ね合いを口実に留保して今に至っているわけです。しかしながら、そもそもこのヘイトスピーチが「言論表現の自由」の範疇に属するのか。到底、属するとは思えないですよね。もともと「言論表現の自由」というのは権力による思想統制から、民衆を擁護し、民衆の異議申し立てを保障するためのものであるからですね。

この国の政府が国連の勧告になかなか従えないのは、ヘイトスピーチに法的規制を加えるということは、まさにある意味での自縄自縛になると思っているからではないかと私は想像します。人種差別撤廃委員会の勧告では「ヘイトスピーチ対策を、その他の抗議活動などの〝表現の自由〟を規制する口実にすべきではない」とはっきり言っているわけですけれども、たとえば二〇一三年一一月に石破茂、当時の自民党の幹事長、今の地方創生担当大臣、この人が自分のブログに、国会デモのシュプレヒコールについて「単なる絶叫戦術はテロ行為とその本質においてあまり変わらない。だから取り締まれ」と書いたんですね。そういうふうにいっている石破茂さんは到底この勧告を呑めないと思います。

またこの人種差別撤廃委員会はヘイトスピーチをした公職者や政治家へはちゃんと制裁を加える必要があるとも勧告しています。これも安倍晋三氏には呑めない勧告だと思います。安倍晋三さんは二〇一四年一〇月三日の衆院予算委員会で、いわゆる、「従軍慰安婦問題」にかかわって、こういうようにいっていいるわけですね。「国ぐるみで（女性を）性奴隷にしたと、いわれなき中傷が世界で行われている」と。現実に日本軍によって戦時性奴隷にさせられた各国の被害女性にとって安倍晋三の発言自体が相当ひどいヘイトスピーチであるといわざるを得ないと思うんです。

ところが安倍晋三が、同じ一〇月七日の参議院の予算委員会でヘイトスピーチのことを聞かれて「極めて残念なことで、あってはならないこと。今後とも一人ひとりの人権が尊重され、成熟した社会を実現するため、教育や啓発の充実に努めてまいりたい」と語りました。これは自分が言っていることがヘイトスピーチだということがわかってないわけですから、この発言は一体何なんだ、単なるダブルスピーキングか。ダブルスピーキングじゃなくて、全然わかってないということなんだろうなと思います。

ただ国連人種差別撤廃委員会がこの国の政府に勧告した方向性、つまり差別を法的に規制するという方向性については、私は昔から、かなり慎重なんです。あるいは消極的です。それは法律というものはいったんでき上がると、それ自体がしばしば一人歩きしますし、時の権力のありようによってはいかようにも拡大解釈、縮小解釈できたということがあるからなんですね。あの治安維持法や軍機保護法が立法者の意図を超えて吉田茂まで逮捕するということが現実に起きるわけです。ですから消極的にならざるを得ないということと、それから差別という問題は、もともとは関係世界での生成物なんですね。人間関係を含む社会関係の変革なしに、つまり人間の営み、すなわち関係の組み直しという行為を介在させないで、突然、法律が間に割って入ってきて決着をつけるべきテーマとは、どうしても思えないんですね。そういうように考えて差別の法的規制にはちょっと消極的というか懐疑的であったわけです。

しかし、そうはいってもですね、今、行われているヘイトスピーチ、在特会などの真に獰猛的な、差別排外的な憎悪表現を放置して済ますわけにはいかない。これはその通りですね。このヘイトスピーチに対するカウンター・ムーブメント(対抗運動)が結構、起きてきていて、時にはこのヘイトスピーチ集団の差別扇動を包囲して撃退する場面も起きてはきているわけです。私自身もこういう対抗運動になんらかの形で参加していきたいと思っているんですね。そういう人々による対抗運動がヘイトスピーチ集団を包囲して殲滅する、そういう中で問題の解決を図ることが差別に対する我々の一番あり得べき姿勢乃至は方向性だと考えるんですが、しかしこれはどこまでいっても理想論です。もうそんなに簡単に対抗運動がヘイトスピーチ集団を殲滅できるとは限らないんですね。

というのもヘイトスピーチの集団の側には強力な支援勢力が控えているからです。すでに挙げた安倍晋三首相もそうですし、朝日新聞が、あの吉田清治発言を取り消したことに関しても安倍首相と同じようなことを石破茂大臣も言っているんですね。「我が国がそういうこと、そういうことというのは戦時性奴隷を弄ぶことをする国家だということで国民も非常に苦しみ、国際的な問題ともなっている」と毎日新聞での談話で語っています。

局面は違いますけれども、一九九九年、当時、東京都知事だった石原慎太郎が、重い障害者の施設を視察した時の会見で「ああいう人ってのは人格あるのかね、ああいう問題って安楽死なんかにつながるんじゃないかという気がする」と発言しています。二〇一三年一〇月、橋下徹・大阪市長が「日本人による集団買春は中国へのODAのようなもの」と口走っています。自民党タカ派の高市早苗が政調会長時代、二〇一三年六月に「福島第一原発も含めて(原発事故)では死亡者が出ていない」と言っている。

さらには曽野綾子さんとか櫻井よし子さんとか長谷川三千子さんといった極右の文化人、それに読売新聞、産経新聞といった右派新聞、さらには週刊文春、週刊新潮の右派週刊誌、それらの言動とか言説構造を見ていけば、ヘイトスピーチというのはこういう人たちの別動隊であるともいえるものです。つまり権力を担いでやっているようなヘイトスピーチなので、なかなか撲滅するっていうのは難しいと思います。だからヘイトスピーチに対する対抗運動というのは、同時にこういった右翼とか右派勢力と正面での対決をしないでは済まないわけで、そう考えると人権を守るという取り組みは、そう簡単ではないなと思います。

今のようなヘイトスピーチのえげつなさを見ると、あまりにもあくどいわけですから、かねてからの私の考えも改めながら、人種差別撤廃条約第四条、ヘイトスピーチ規制を日本政府は今、留保していますけれども、留保を撤回させるということを求めざるを得ないんですが、しかし、差別の法規制ができれば、それで万事ＯＫとは到底思えないんですね。一番重要なのはヘイトスピーチの土壌を変えること。

なかなか難しいんですけども、ヘイトスピーチをやっている在特会のメンバーは、おそらく何らかの意味でのルサンチマンをもっているのでしょう。ルサンチマンを生み出すような政治的、経済的風土を変えていかないといけない。

我々は「憲法を守れ」と言いたいと思うのだが、つい先週か先々週の『週刊金曜日』で雨宮処凛《かりん》という人と赤木智弘と言う人が対談しているんですが、あの赤木智弘さんというのは八年前に「三一歳フリーター、希望は戦争」という文章を書いて話題になった人です。本当に戦争をしたいというわけではなく、赤木さんがいいたかったのは戦争というカタストロフィが生じるという形でないと、もうこの国はリセットできないということをいいたかったんですね。憲法を守れと言っても、その憲法がある中で今の若い人がどういう人権剥奪の状態に置かれているか。大学を卒業したって正規の仕事につける確率がそんなに高くはないとか、年収二〇〇万円以下がものすごい数に上るとか、貯蓄ゼロの人がどれだけたくさんいるか。もう散々やられっぱなしなんですね。それが今の憲法のもとで、そういう事態が起きているので「憲法を守れ」ということに何のインパクトもない。それは余裕のあるセレブの護憲論、エリートの護憲論だというういい方をしていました。そう言われれば一言もないと思いました。

それでも、この憲法を守らないといけないと思います。一体全体、ヘイトスピーチをする人々の攻撃衝動は何に由来するのか。攻撃衝動を行動化する場合に誰がスケープゴートにされるのかということを、そして彼らはそのことを繰り返すことによって、この社会のどの部分を浄化しようとしているのか。その点を想像力を駆使して明らかにしていくことが法律化の前提作業として必要だと思います。

5 おわりに

マックス・ウェーバーはこう言ったんですね。「或る意味を目指す社会的行為の行われる可能性が消えた瞬間、社会学的にみれば、もう国家は存在しないのである」。これは『社会学の根本概念』の中で書いているんですけども。マックス・ウェーバーは社会をあくまでも人間の行動、行為が具象化したものであるという考え方に立っています。ですから人々が国家というものを志向しなくなれば、その瞬間、もう国家は存在しなくなるということを明言しているわけです。かなり保守的な人なんですけれども、その保守的なウェーバーにしてはシニカルというか、多少アナーキーな雰囲気をもつ言及をしているわけです。しかし、この前世紀末にソ連邦とその連邦に属する各共和国の関係が崩壊していった事実を我々は一応、見たわけです。あれを見た我々にとってマックス・ウェーバーの言説は、かなり現実的なことではないかと思います。

「国権」と「人権」の関係を考える時、このウェーバーの指摘は、なにほどか示唆的なものかもしれないですね。人々が国家を志向しなくなれば国家は存在しなくなる。ということは国家というものは本来、一種の幻想共同体といいますか、そういうものでしかないことをも意味していると思うんですね。天賦人権論でいけば、人権というものは、もう先天的に人々に備わっているものだというはずなんですけども、それを近代以降は国権が、国家権力が人権を保障するという形をとる。本来的には捩じれているわけですね、倒錯といってもいいと思います。

そこでよく考えなければならないのは、誰の利益がどんな仕組みで決定されていくのか、つまり利益の主体と客体との構造的な関連がどうなっているのかという問題なんですね。すでに見たように改憲論者たちは、体制側、つまり支配側の利益を〝national interest〟と言い、さらにはそれが〝public interest〟だという形で世論誘導するんですね。そのために生成的であるはずの人権が実は絶えざる国権との間でせめぎあいの関係にあるという、そのことをちゃんといつも考えないといけないと思いますし、ある意味では、これはどうすればいいか、難しいですが、国権を超えない限り、人権というのは成立しにくいのではないかと思います。

「国権の発動たる戦争」、これが人権侵害の最たるものだということはすでに述べたとおりです。「平和」というのはすべての人権のベースだと思うんですね。「基本的人権主義」というのは一国主義的に成り立つものでは多分ないわけで、国際主義的な普遍性のもとに保持されるものだと思います。そういう国際的な利益こそが、一国内の国民の生活の安定とか安心とか繁栄、これらの価値が、まさに〝public interest〟だと思うんですけれど、そういうものに還元されるものだと私は思うんですね。今は、非常にきな臭い時代なので、戦争につながりがあると思われるありとあらゆる策動に反対して明確に「あかん」「ノーである」という意思表示を続ける必要があると思うし、単に意思表示するだけでなく、時には体を張るということも必要になると思います。安倍政権のもとで戦争の足音が少しずつ聞こえてくる現在、もう中立的な立場を維持する余裕は我々にはないのではないかと申し上げて、終わらせていただきます。ありがとうございました。

（花園大学人権教育研究会第90回例会・二〇一四年十二月四日）

「他者」との共生
――カウンターカルチャーの構築に向けて

花園大学人権論集㉒

二〇一五年三月二〇日　初版第一刷発行

編者●花園大学人権教育研究センター
〒六〇四‐八四五六
京都市中京区西の京壺の内町八‐一
Tel・〇七五‐八一一‐五一八一
E-mail・jinken@hanazono.ac.jp

発行●批評社
〒一一三‐〇〇三三
東京都文京区本郷一‐二八‐三六　鳳明ビル
Tel・〇三‐三八一三‐六三四四
Fax・〇三‐三八一三‐八九九〇
振替・〇〇一八〇‐二‐八四三六三
E-mail・book@hihyosya.co.jp
http://hihyosya.co.jp

印刷
製本●モリモト印刷株式会社

●執筆者紹介

金田　諦應――――曹洞宗通大寺住職
中嶌　哲演――――真言宗明通寺住職
知花　一昌――――真宗大谷派僧侶
吉永　　純――――花園大学社会福祉学部教授＝公的扶助論
春名　　苗――――花園大学社会福祉学部教授＝高齢者福祉
津崎　哲郎――――花園大学社会福祉学部教授＝児童福祉論
八木　晃介――――花園大学社会福祉学部教授＝社会学・差別問題論

ISBN978-4-8265-0616-8 C3036 ¥1800E　Printed in Japan